100.

FRANÇOIS PONSARD

Du même Auteur :

LAMARTINE, avec portrait à l'eau-forte de Martial. . . . . Épuisé.

ALEXANDRE DUMAS, avec portrait à l'eau-forte de Flameng. . . . . 3 fr.

F. PONSARD

JULES JANIN

F. PONSARD

1814 — 1867

PORTRAIT A L'EAU-FORTE

PAR FLAMENG

PARIS
LIBRAIRIE DES BIBLIOPHILES
RUE SAINT-HONORÉ, 338

MDCCCLXXII

Tiré à 500 exemplaires sur papier vergé.
        10   —   sur papier de Chine.
        10   —   sur papier Whatman.

520 exemplaires.

FRANÇOIS PONSARD

I

Nous dirions volontiers de F. Ponsard qu'on ne saurait trop admirer la première moitié de sa vie et trop le féliciter de sa mort. Il a mis plus de temps à s'éteindre qu'à mériter la renommée ; sa gloire a marché plus vite, hélas ! que son agonie. Aucun obstacle au départ. Tout lui réussit à merveille. Enfant de ce beau Dauphiné, l'un des enchantements de la France, il fut tout de suite entouré d'une admiration précoce et des meilleures tendresses.

Il grandit vite, et déjà, jeune homme, il balbutiait la langue immortelle. Il a commencé comme a commencé Corneille, son maître. Il plaidait sa première cause à l'âge où Corneille était inscrit au rang des avocats de ce grand Parlement de Normandie ; il étudiait *le Cid*, *la Mort de Pompée* et *le Menteur*, que déjà le grand Maître avait écrit sa douce *Mélite*. Il était un ambitieux sans le savoir, mais son ambition était immense. Il rêvait, à vingt ans, les honneurs du théâtre et la résurrection des grandeurs d'autrefois. Sa maison, bourgeoise et rustique en si modeste enclos, dominait le mont Salomon et tous les paysages d'alentour, tout ce rivage du Rhône, ce *diantre* de Rhône, rivière en été, torrent en hiver.

Pour comble de biens, sitôt qu'il sentit la nécessité d'un ami intelligent qui prêtât une oreille attentive à ses premiers vers, il rencontra le plus merveilleux auditeur de la contrée, aussi hardi que lui-même il était timide. Il s'appelait Charles Reynaud ; il était poëte à ses heures ; il avait vu déjà bien des cités et bien des peuples ; il était riche, il réunissait toutes les grâces à toutes les bontés d'un fils de famille sur lequel sa ville natale a porté tous ses regards. Charles Reynaud fut sans contredit le premier enfant de cette aimable capitale du Dauphiné, tant qu'il n'eut pas découvert le talent de son voisin François Ponsard. Sitôt que Reynaud eut forcé l'Odéon à représenter *Lucrèce*, il ne fut plus que le second dans Vienne, et Dieu sait s'il était fier de la déchéance que lui-même il avait provoquée. On a vu rarement amitié plus dévouée et plus constante. Et comme ils racontaient l'un et l'autre leur première rencontre ! Un jour que le poëte était assis sur les bords du fleuve bien-aimé, et qu'il relisait, pour la vingtième fois peut-être, sa chère et terrible *Lucrèce*, il fut rejoint par le jeune Reynaud, qui s'en allait, monté sur un beau cheval, à quelque fête du voisinage ; il respirait la force et la candeur ; son approche était la bienveillance même, et voyant que le jeune avocat, son compatriote, tenait dans ses mains une tragédie : « Oh ! bien, dit-il, faites-moi l'amitié de m'en lire un acte. » Il descendit de son cheval et prit place à côté du poëte. Après le premier acte, il voulut entendre absolument le reste de la tragédie, et le digne Reynaud, heureux de sa découverte : « A Paris ! à Paris ! » disait-il, comme autrefois Régulus : *A Carthage ! à Carthage !*....

« A Paris ! Viens avec moi, je t'emmène, et ne t'inquiète pas de la dépense du voyage. » Ils partirent, pleins de courage. Arrivés à Lyon, nos deux amis rencontrèrent sur le quai du Rhône, entre une *Virginie* écrite à Mâcon et une *Agrippine* composée à Chalon-sur-Saône, une *Lucrèce* imprimée à Lyon même, en 1842 (nous étions en 1843), et signée par M. P..., avocat. C'était là un triste présage. Un Romain serait rentré. François Ponsard, découragé de la rencontre, se fût volontiers jeté dans le fleuve pour repêcher sa robe noire : « Elle est en pleine mer, disait Reynaud, et déjà sans doute, à l'exemple de son maître, elle s'est accrochée à quelque laurier *rose* de l'Eurotas ! »

Donc, en dépit de la *Virginie* de Chalon, de la *Lucrèce* et de l'*Agrippine* des quais de Lyon, ils arrivaient, celui-ci encourageant celui-là, dans ce beau carrefour de l'Odéon, où se rencontrent incessamment la tragédie à son aurore, la comédie en bourrelet, le roman sans façon, le poëme en *laisse-tout-faire*, et la critique en négligé. Dans ce carrefour de l'espérance, où tout passe, où rien ne s'arrête, où tout commence et rien ne s'achève, il faut encore un certain bonheur pour faire une heureuse rencontre. Par Jupiter! si peu de fruits pour tant de fleurs!

Tout d'abord nos deux voyageurs s'étonnèrent quelque peu du bruit, du mouvement et des vanités de ce monde. Reynaud lui-même, qui ne doutait de rien, restait fort étonné qu'on ne les eût pas vus venir. Ponsard, épouvanté, cachait sa *Lucrèce* avec autant de soin que si M. le président du tribunal de Vienne eût dû la voir. Ils se promenaient tout pensifs sous les galeries orageuses, suivis, disons mieux, persécutés de la triste *Lucrèce*, lorsqu'ils furent rencontrés et devinés par le plus Parisien de tous les Parisiens de Paris, le grand juge et le maître en toutes les œuvres des beaux-arts, une façon de Diderot bon enfant qui jette, à qui les veut prendre, son temps, son éloquence et son bel esprit : Achille Ricourt, voilà le nom de cet esprit aimable et bienfaisant.

Un coup d'œil lui suffit pour deviner ces âmes

en peine; il reconnut la tremblante *Lucrèce* aux bandelettes sacrées de sa coiffure. « Amis, dit-il, où donc portez-vous cette Romaine des temps héroïques? On dirait, à vous voir timides et craintifs, de quelque immolation défendue. Allons, courage et parlons franchement! Vous avez fait une tragédie à vous deux et vous cherchez à la placer? » A ces mots d'un brave homme intelligent de leur misère, le plus hardi des deux voyageurs (je le crois bien, il n'avait pas fait la tragédie) : « Ami, dit-il à maître Achille Ricourt, le poëte que voilà, plus honteux que s'il eût fait quelque misérable vaudeville, n'est autre que Spurius Lucretius Ponsard, le père de Lucrèce ; et moi, que voici, je suis son compagnon et son témoin dans cette illustre catastrophe : Publius Valerius, fils de Valerius, pour vous servir. Nous sommes venus, non pour égorger Lucrèce, la chose est faite depuis l'an de Rome 214, mais pour lui faire ouvrir quelque théâtre curieux de belle et solide poésie. — Eh bien ! répondit le nouveau venu, qu'à cela ne tienne, et nous trouverons dans ce carrefour turbulent des esprits faits pour nous comprendre... » Ils n'allèrent pas bien loin pour trouver un auditoire, entre deux pots de bière. Or, de l'auditoire à l'adoption il n'y avait que la main.

Certes l'heure était bien choisie, elle appartenait à la tragédie; on était en pleine Renaissance de l'art antique; une chute immense (à savoir *les Burgraves*) avait signalé le dernier effort de l'école romantique; en même temps une nouvelle étoile avait paru dans les cieux de Racine et de Corneille, elle s'appelait Rachel. Alors les vrais critiques, c'est-à-dire les prévoyants, sitôt qu'ils eurent entendu parler de la *Lucrèce*, admirèrent que, juste en ce moment, cette inspirée et ce nouveau poëte arrivé des bords du Rhône représentassent à eux deux cette excellente qualité des héros de Virgile, copiés sur les dieux d'Homère. En effet, les combattants de l'Iliade se montrent à nous dans toute la force virile; au contraire, les capitaines de l'Énéide échappent à peine à la première jeunesse :

Ils goûtent, tout sanglants, le plaisir et la gloire
Que donne aux jeunes cœurs la première victoire [1]...

1. Racine, *Bajazet*, acte Ier, scène Ire.

Ainsi Mlle Rachel et François Ponsard s'emparaient à la même heure, et chacun de son côté, des dieux et des héros de l'antique Olympe.

<small>Ces fils des dieux, de qui naîtront des dieux.</small>

Et le poëte ajoute à cette prédiction son célèbre *Macte nova virtute puer*.

C'est même une chose incroyable que les premiers conseillers de la *Lucrèce*[1] aient négligé d'en faire part à Mlle Rachel; mais ils se fiaient à la beauté de l'œuvre. Ils avaient hâte de s'adresser au vrai juge, au jeune peuple. Ils trouvaient la porte ouverte du second Théâtre-Français. L'Odéon appartenait à un jeune homme, un aventurier dans le meilleur sens du mot *aventure*. Ainsi, en moins de huit jours, la pièce était à l'étude, et déjà les moqueurs, les parodistes se moquaient de *Lucrèce* : — « Où prenez-vous Lucrèce? où prenez-vous Tarquin? Ils sont morts, on n'en veut plus... » Même un de ces rieurs (M. Méry), qui était un bonhomme après tout, composa, en deux fois vingt-quatre heures, une Lucrèce en cinq

---

1. Sur mon exemplaire est écrit, de la main du poëte : *A son premier hôte. Lucrèce. Ponsard.*

actes, en vers, et ses amis applaudissaient à cette incroyable parodie. Oui, mais le jour de la première représentation, dès la première scène, au moment où l'héroïne, en ce beau langage que l'on prendrait pour un digne écho de Tite-Live, exprimait si bien les nobles sentiments de la dame romaine :

> Par mon aïeule, instruite aux mœurs que je tiens d'elle,
> Les femmes de son temps mettaient tout leur souci
> A surveiller l'ouvrage, à mériter ainsi
> Qu'on mît sur leur tombeau, digne d'une Romaine :
> « Elle resta chez elle et fila de la laine. »

il y eut soudain, dans la salle émue et charmée, une attention sans exemple. Un nouveau poëte, évidemment, venait de naître. On n'avait pas entendu, depuis le règne de Casimir Delavigne, une plus ingénieuse et plus éclatante poésie. Après les premiers doutes, la salle entière appartenait à ce contre-révolutionnaire ; enfin toute résistance avait cessé après la grande scène entre Tullie et Brutus, son époux. Même il y avait des gens qui disaient qu'André Chénier n'était pas, tout ensemble, et plus antique et plus nouveau :

> Dites-moi donc, Tullie, est-ce là le tableau
> Que devait éclairer le solennel flambeau ?
> Est-ce donc pour cela qu'à la main du flamine
> Vous avez présenté le gâteau de farine,
> Et qu'offrant à Junon des victimes sans fiel,
> Vous l'avez attestée au-devant de l'autel,
> Quand la tête voilée et ceinte de verveine,
> La robe jointe au corps par un bandeau de laine,
> La quenouille à la main, vous avez pénétré
> Au delà de ce seuil à Vesta consacré ?...

Désormais la bataille était gagnée, et le plus grand succès, le plus légitime, le plus mérité, couronna cette œuvre excellente. Le lendemain, dans tout Paris on disait : « l'auteur de *Lucrèce* », comme on eût dit : « l'auteur d'*Hernani* ». Les plus doctes maisons et les salons les plus lettrés se disputaient ce jeune homme inconnu la veille ; et de même qu'il avait été très-simple en son entrée, il fut très-modeste en son triomphe. Il quitta la ville aussitôt qu'il put s'arracher à ses louanges, et s'en revint en toute hâte apporter à sa mère, à son père, à son oncle maternel cette palme si bien gagnée. Il aimait d'instinct ces doux rivages ; il en parlait peu de jours avant sa mort, et ces noms charmants : Sainte-Colombe, Ampuy, Condrieu, Annonay, Malleval, toutes ces îles éparses, ces joyeuses Cyclades, qui vont et qui viennent au caprice de l'eau courante, avaient dans sa bouche un charme inexprimable.

En dépit de toutes ces élégances qui lui venaient dans son discours, il était né un paysan : son âme était de Rome et son corps était des montagnes du Vivarais. Il se levait avec le jour, et, son fusil sur l'épaule, il parcourait des espaces incroyables à l'affût sur un lièvre, ou ses tablettes à la main; le soir venu, il avait tué quelque alouette; en revanche, il rapportait les plus beaux vers... « Je remplissais à la fois mes tablettes et mon carnier, » disait Pline le Jeune, un mauvais chasseur, un grand écrivain !

II

A TROIS ans de distance de *Lucrèce*, apparut, en ce même théâtre de l'Odéon, *Agnès de Méranie*; et cette fois, malgré le trouble et la confusion du premier jour, les connaisseurs comprirent que ce jeune homme était en progrès dans l'art de raconter l'histoire aux hommes assemblés. La terreur même était croissante, et nous nous rappelons le frisson général de la grande scène où le roi Philippe-Auguste, seul au milieu de sa cour déserte, impuissant spectateur de ces terribles événements, se plaint, d'une voix haute et superbe, des chaînes dont il est chargé :

> Mais lorsque nous partions, un moine est survenu !
> Un moine, un homme en froc, tête rase et pied nu ;
> Il a dit quelques mots, et devant ses paroles,
> Glaives retentissants, flottantes banderoles,
> Casques et boucliers dont l'œil est ébloui,
> Chevaliers, gens de pied, tout s'est évanoui.
> Un moine suffisait pour faire autant de lâches
> De tous ces chevaliers portant haume et panaches

Ponsard ne manquait guère à ces grands aspects de la politique ; même dans sa *Lucrèce* il avait expliqué, comme un vrai Montesquieu, l'organisation du pouvoir à venir et l'institution des deux consuls renouvelés tous les ans :

> Sparte divise en deux l'autorité royale ;
> De ces deux rois rivaux la puissance est égale ;
> En sorte que chacun, sur l'autre ayant les yeux,
> Lui sert de frein au mal et d'aiguillon au mieux.
> . . . .
> Mais un règne trop long fait des loisirs trop grands.
> L'habitude du trône engendre les tyrans.
> — Il vaut mieux en cela suivre la loi d'Athènes.

Dans *Agnès de Méranie*, on pourrait citer le

beau parallèle entre le pape et le roi, et ces tendresses d'Agnès au désespoir :

Philippe! mon seigneur, chère âme de ma vie,
Va, c'est bien à toi seul que je me sacrifie.

On s'agitait, on prophétisait beaucoup autour d'*Agnès de Méranie*. « Il a grandi ! » s'écriaient les fanatiques. « Il ne fera jamais mieux que le songe de Lucrèce ! » répondaient les obstinés qui ne veulent pas que le succès aille en grandissant, et qui s'en tiennent aux expériences du premier jour [1].

[1]. Peut-être, en ces derniers moments de littérature, nous sera-t-il permis de citer de M. de Sainte-Beuve, à propos d'*Agnès de Méranie*, un passage honorable à mon endroit :
« Quand il se mêle d'avoir du bon sens, il en a, et du meilleur, du plus franc. Il a de la dignité, du naturel ; il aime Molière : ce sont là des garanties. Je noterai tel feuilleton de lui (celui du jeudi 24 décembre 1846, par exemple, sur *Agnès de Méranie*) duquel, après l'avoir lu, j'écrivais pour moi seul cette note que je retrouve, et que je donne comme l'expression nette de ma pensée : « Excellent feuilleton. C'est
« plein de bon sens et de justesse, d'un bon style et nourri
« de mots fins et heureux. Janin, décidément, est un vrai
« critique, quand il s'en donne le soin et qu'il se sent libre,
« la bride sur le cou. Il a le goût sain au fond et naturel,
« quand il juge des choses du théâtre. Il est d'esprit aussi,

Après le succès peu durable, il est vrai, d'*Agnès de Méranie*, un certain découragement s'emparait de l'auteur de *Lucrèce*. Il avait triomphé si facilement, et si complétement le premier jour, qu'il ne comprenait pas la moindre hésitation du public à le reconnaître en cette œuvre avec soin travaillée. Après *Agnès*, il était revenu en toute hâte dans sa province bien-aimée, et sous ce beau ciel, dans la vieille maison paternelle, à côté de sa mère heureuse et fière, il s'était repris à son existence rustique, appelant à son aide ces grands anciens qu'il aimait plutôt par son bel instinct de poëte que par sa science de rhétoricien. Le bonheur voulut qu'il se remît à lire Homère, et qu'il l'étudiât avec le même profit que le poëte Horace enivré de toutes les grandeurs de l'*Iliade* et des grâces de l'*Odyssée*. Il voulait, tout d'abord, écrire un poëme à la louange d'Homère. Il écrivit en effet

« comme de toute sa personne, bien portant et réjoui, un
« peu comme ces personnages gaillards de Molière, ces
« Dorine et ces Marton qu'il aime à citer, et qui disent des
« vérités le poing sur la hanche. » Voilà mon impression
toute crue sur un des bons et solides feuilletons de ce critique qui en a tant fait de vifs et de jolis. »

un vrai livre que l'on retrouvera dans ses œuvres ; mais sitôt qu'il eut satisfait à la légitime admiration pour l'*Iliade*, il voulut, adoptant l'*Odyssée*, accomplir un nouveau drame. Ainsi, dans l'apothéose d'Homère, une œuvre admirable de M. Ingres, l'*Iliade* et l'*Odyssée* appellent en témoignage de leur gloire la terre et le ciel, la nuée et le soleil.

Ulysse, un beau drame où l'antiquité ressuscitait dans son poëme comme autrefois *Lucrèce* était ressuscitée en son histoire, devait marquer l'adoption du Théâtre-Français pour François Ponsard. Le théâtre, ambitieux de cette heureuse conquête, n'avait rien négligé pour le succès de l'œuvre et le contentement du poëte. Il avait fait mieux (c'était trop faire), il avait appelé en aide à Ponsard la verve et le talent du grand musicien Gounod, et nous comptions que ces chœurs de Gounod seraient d'un grand charme.

Ulysse, encore cette fois, n'obtint pas le succès de *Lucrèce* ; en vain le poëte était resté fidèle à la vérité d'Homère, jusqu'à ce point qu'il avait reproduit ce détail naïf : « Les bergers amenèrent la victime la plus grasse, c'était un *cochon* de cinq ans... » Il a pris tout simplement le mot d'Homère, une espèce de dieu qui se souvient. En fin de compte, c'est si rare et si charmant un écrivain sans tapage; un véritable et sincère écrivain, ennemi du bruit stérile, et qui redoute, à l'égal d'une honte, l'à-peu-près, cette plaie, et le hasard, cette muse en haillon! Le malheur de cette éloquente et gracieuse tentative, c'était sa simplicité même. Ici tout est calme, apaisé, mesuré, d'un accent exquis, d'un goût parfait; courtoisie ingénieuse, accord de la pensée et des paroles, élégance, esprit, beauté. « La poésie est préférable à l'histoire, a dit Aristote en sa *Poétique*, elle touche au monde entier. » Voilà ce que Paris ne savait pas; que de vers charmants ont échappé à son inintelligence, et *comme il échappe à cette louange des grands poëtes, quand ils se servent des fables reçues comme il faut s'en servir!*

III

En ce moment de sa vie, il ressentit à son tour l'ennui poétique. Ils sont très-rares, les grands esprits qui ne se détournent pas de leur voie un seul instant. Peu ou prou, l'inconnu les attire ; ils ne savent rien de mieux que ces distractions de la Muse obéissant à leurs caprices. Certes, l'auteur de *Lucrèce* aurait pu, mieux conseillé, ne pas quitter le grand chemin du drame où sa gloire eût voulu le maintenir. Mais il était jeune et très-recherché des oisivetés d'alentour. « Dans un gouffre ouvert, oui, Suzon, je m'y jetterais », disait Chérubin, avant de chanter *la Romance à Madame*. Il y a cependant d'honnêtes gens qui chantent à leur tour la douce complainte :

J'avais une marraine ;
Que mon cœur, mon cœur a de peine !

Et, disons mieux, celui-là serait injuste qui négligerait de recueillir ces molles élégies du dernier printemps.

Ce fut donc en l'été de 1852 que François Ponsard, par oisiveté, par fatigue, et l'ennui le poussant, ce triste mal dont le fond de sa vie était fait, s'en fut de sa ville natale et de son domaine paternel du Mont-Salomon. « Où vas-tu? disait sa mère, ô cher enfant, mon unique espoir. Trouveras-tu quelque part une maison plus clémente, un jardin plus aimable, une montagne où de plus haut tu puisses contempler le Rhône et les vignobles lointains? Reste avec moi! tu me liras le soir les vers de la journée, et quand viendra septembre, on te verra dans nos vignes vendangées forcer le lièvre

avec le concours de Thisbé et de Phanor. »
Douces paroles maternelles ! Elle connaissait si
bien son fils ! « Mon doux poëte, disait-elle, n'est
complétement inspiré que sur sa montagne. De
ces hauteurs il écoute, heureux et triomphant, les
bruits de sa gloire agrandie et renouvelée ; il
admire en même temps sa maison réparée et son
jardin augmenté ; il était pauvre en partant, il
est riche à son retour !... » Honorable et sainte
propriété du génie ! Elle est à l'abri de l'inonda-
tion, de l'incendie et de la grêle. Elle ne redoute
ni les automnes stériles, ni les étés brûlants ;
elle n'a besoin ni de manœuvres, ni de labou-
reurs, ni de réparations, ni de haie et de fossés ;
elle n'est sujette à aucune des charges de la propriété foncière ; elle n'a pas de mendiants autour d'elle ; tout au plus quelques plagiaires qui
brisent quelques branches dans cette forêt luxu-
riante, sans jamais lui rien ôter. Aussi quelle
joie, au milieu de ce lieu rustique, de se dire à
soi-même, en frappant du pied cet humble domaine où tous les esprits sont les bienvenus :
Terra quam calco mea est !

« La terre que je foule est bien à moi ! »

Plus tard, quand il fut revenu de ces dangereux voyages, il se plaisait dans cette maison de paysan où sa mère n'était plus qu'une ombre, un ange qui veillait sur lui. Hélas ! il revenait, malheureux, à ses rêves enchantés. Il agitait dans sa tête féconde, tantôt le nouveau drame et tantôt la comédie à venir, ajoutant, retranchant, dans le rire et dans les larmes. C'était là sa vraie et féconde passion. Tel autrefois Corneille, après ses chefs-d'œuvre, invoquait le roi Louis XIV :

> Je sens le même feu, je sens la même audace
> Qui fit plaindre le Cid et fit combattre Horace :
> Et je me sens encor la main qui crayonna
> L'âme du grand Pompée et l'esprit de Cinna.
> Choisis-moi seulement quelque nom dans l'histoire
> Pour qui tu veuilles place au temple de la gloire,
> Quelque nom favori qu'il te plaise arracher
> A la nuit de la tombe, aux cendres du bûcher.

Il était si bien dans ce lieu de calme et de repos ! il jouissait si complétement de sa gloire ! Hélas! prévoyant de tous les maux qui le pouvaient atteindre, il hésita longtemps avant de quitter les chastes rivages de son fleuve bien-aimé. Enfin, poussé par cette oisiveté funeste, et trouvant que la vie était austère dans son pays natal, il partit pour ces lieux de fête et de plaisir : Aix en Savoie, illustré par ce lac du Bourget que célébrait Lamartine en ses plus beaux vers :

O lac ! l'année à peine a fini sa carrière,
Et sur les bords heureux où tu la vis s'asseoir...

Ce lac est un enchantement ; il attire à sa grâce éternelle et les doit attirer jusqu'à la fin du monde, le poëte, les rêveurs, l'amoureuse et son amoureux. Tant que ce flot couleur de ciel redira le nom d'Elvire, les poëtes viendront saluer ces Alpes souveraines, ces ruisseaux jaseurs, ces peupliers harmonieux.

C'est pourquoi nous ne saurions reprocher sévèrement à l'auteur de *Lucrèce* d'avoir obéi aux aveugles instincts qui le poussaient. Il était jeune ! il venait de livrer et de gagner ses premières batailles ; il avait traversé, sans regret, l'admiration, la gloire et les louanges de Paris. Son projet, à son départ, n'était pas d'oublier longtemps la maison paternelle : à peine il s'était accordé six semaines de vacances. Enfin, dernière excuse, il était loin, lorsqu'il rencontra ces distractions dangereuses, des conseils de l'ami de sa jeunesse, l'aimable et bon Reynaud. Ah ! s'il avait eu seulement, pour le conduire et le conseiller, le premier ami, le premier soutien de *Lucrèce*, Achille Ricourt !

Le digne Achille Ricourt, inconnu pour tout le monde, est une espèce de puissance dans le camp des lettrés. Il voit juste ; il voit bien ; il comprend toute chose. Critique à barbe blanche, expérience incontestable, il est revenu des passions et de leur tumulte ; il ne comprend plus guère que les amours innocentes. Il parle à la façon de Diderot lui-même, aujourd'hui, demain, toujours, et des plus belles choses : tableaux, théâtre et poésie. On doit le compter parmi les meilleurs et les plus sincères amis de Ponsard. Quand il le revit si changé après son long pèlerinage à travers les plaisirs de ces cités oisives, son œil avait peine à le reconnaître :

« Est-ce toi, mon enfant, d'où viens-tu ? Qu'as-tu fait ? » Et lui, sans répondre, honteux de lui-même, il balbutiait et rougissait. C'était, malgré sa forte apparence, une âme faible, un esprit timide. A l'entendre, à le voir, on n'eût jamais dit qu'il était l'auteur de ce terrible et fabuleux troisième acte de *Charlotte Corday*, dont nous parlerons bientôt.

N'importe ; il avait fait, oisif, d'assez belles choses, pour que nous en ramassions les débris. On n'est pas impunément un tel poëte. Il avait en lui-même, et sans le savoir, les feux de Properce et l'accent de Tibulle. O les molles élégies! les idylles galantes ! et comme il réalisait ce conseil de Despréaux :

C'est peu d'être poëte, il faut être amoureux !

A ces causes nous citerons quelques-uns de ces vers charmants. Certes, nous n'aurions pas commis cette indiscrétion malséante, si nous avions été le maître de laisser dans l'ombre et sous le secret ce qui sera bientôt le secret de tout le monde. Mais comment faire? On ne criera pas sur les toits ces frêles amours emportées par le temps, mais on peut les dire à voix basse. Un murmure suffira :

LE LAC DU BOURGET.

Sur les cimes vaporeuses
La lune étend sa clarté ;
Quatre rames vigoureuses
Fendent le lac enchanté,
Et la rapide nacelle
Fait jaillir une étincelle
Sur le flot qui derrière elle
Garde un sillon argenté.

Une jeune femme assise
Promène un regard distrait
Sur cette ligne indécise
Où l'horizon disparaît.
Devant la céleste voûte
Elle est rêveuse : sans doute,
A l'étoile qui l'écoute
Elle dit un doux secret.

Quel nom sa lèvre soupire,
Étoiles, le savez-vous ?
Où va l'aimable sourire,
Étoiles, dites-le-nous ?
Non, laissez-nous l'ignorance :
Ignorer, c'est l'espérance.
Cachez une préférence
Qui ferait trop de jaloux

Cependant, la nef agile
Déjà rentre dans le port ;
Déjà sur l'onde immobile
La rame oisive s'endort,
Et la belle passagère
S'élançant, vive et légère,
Vers la rive hospitalière,
Pose son pied sur le bord.

Que le gazon qu'elle foule
De ses deux pieds délicats
S'amollisse et se déroule
Comme un velours sous ses pas ;
Et vous, brises du rivage,
Rafraîchissez son visage
Et portez-lui le message
Que je murmure tout bas.

Un autre jour, il rencontre une voyageuse inconnue, et, dans le même sentiment que le grand poëte, honneur de notre âge, et qui restera dans notre ciel brillant autant que l'étoile du berger, il racontait au rivage indiscret ses émotions de la veille, dans ces vers : *Jouet des vents*, LUDIBRIA VENTIS ; mais l'écho de ces montagnes en a gardé le souvenir :

Vous demandez un chant aux muses disparues.
Quel chant peut-on mêler au tumulte des rues

Et quelle mélodie aux éclats du canon?
O déesses d'Horace, ô muses de Virgile,
O Grâces qui dansiez le soir d'un pied agile,
    Nous ne savons plus votre nom.

Comme en un clair miroir, dans son cristal limpide
Le lac réfléchira la nature splendide,
Et vous verrez trembler sous le frisson des eaux
Les contours renversés du grand amphithéâtre,
Qui des rives du lac à l'horizon bleuâtre
    Monte par degrés inégaux.

Depuis la touffe d'herbe et l'arbuste qui penche
Sur le lac paternel la paresseuse branche,
Depuis le toit prochain qui fume dans les prés
Jusqu'aux lointains glaciers, au soleil invincibles,
Qui couvrent les sommets des monts inaccessibles
    Jusqu'aux vastes cieux azurés.

Mais au bout de vos doigts rafraîchis dans son onde
Si le baiser du lac laisse une perle ronde,
Vous n'y verrez plus rien du magique tableau :
La pensée est le lac où le ciel se reflète
A chose sans couleur, la parole incomplète
    Est l'incolore goutte d'eau.

Que c'est rare et charmant, tout cela! Vieille est la chanson, l'air est tout nouveau. Volontiers on dirait à ce peintre ingénu : *Salut, jeune homme!* Hélas! de tous ces bonheurs d'un instant, on

serait fâché d'en arracher un seul à la mémoire.
Avant toute chose, il était surtout un poëte; il
courait comme un amoureux après la poésie.
Un sourire, un soupir, un frémissement de ta
main dans ma main frémissante; un chant d'oiseau, un bruit d'insecte. Eh! que dis-je? une
goutte de pluie après l'orage, il en va faire une
élégie. Écoutez encore celle-ci, dans un accent
parfait, si ces beaux vers s'adressaient à l'*épouse*,
à la jeune et vaillante femme légitime dont la
force et la vertu devaient tout sauver.

LA BRANCHE D'AUBÉPINE.

C'était au mois de mai, je vous donnais le bras,
L'orage nous surprit et la pluie apaisée
Suspendit, en fuyant, des gouttes de rosée
Sur le feuillage vert des printaniers lilas.

Alors, vous, saisissant une branche d'en bas
Vous la fîtes pencher sur ma tête arrosée,
Et puis vous vous sauviez, quand d'une bouche osée
Je vous pris deux baisers pour punir vos ébats.

Et pourtant, je disais dans le fond de mon âme :
O la douce vengeance! oh! de grâce, madame,
Faites que je la puisse infliger de nouveau.

Et je disais encore : Et vous, branches voisines,
Pleuvez sur moi, lilas, et pleuvez, aubépines,
Un baiser est au fond de chaque goutte d'eau.

Bientôt ce *jouet des vents* prend un ton plus triste. Ils ne durent guère les printemps amoureux ! A peine s'ils ont la durée et le parfum d'une branche de lilas, ou d'une rose des quatre-saisons. Un souffle, un rien, suffisent à froncer ce front couronné du laurier poétique. Il bat si vite et si cruellement, ce cœur blessé que rien n'apaise ! Il est jaloux, il fait pitié à tout le monde, et les indifférents suivent leur chemin... C'est bien fait. Il ne faut pas trop insister sur ces enfantillages, tant que l'heure n'a pas sonné de revenir aux émotions sérieuses. Les *Méditations poétiques*, le monde les a chantées quand Elvire fut au tombeau et que le poëte, à son tour, marié à la jeune fille qu'il aimait et père de famille, prit congé de ses passions dont on ne savait pas le mystère. C'est la loi des poésies fugitives. L'heure arrive enfin, bientôt, l'heure des adieux. Adieu donc ! c'est fini ! le fleuve a cessé de gémir, l'oiseau de chanter, le soleil de resplendir dans les cieux réjouis. Tout est sombre et tout est mort. Quittons-nous, puisqu'enfin nous n'avons plus rien à nous dire. Ici, là-bas, partout, soyons-nous désormais deux simples connaissances. A peine un peu d'amitié, si jamais, dans ces heures pleines de regrets, dans ces devoirs tout nouveaux, nous avons le temps de nous souvenir.

ADIEUX.

Adieu, que les destins, madame, vous soient doux,
Que les cieux orageux, où le tonnerre gronde,
Épargnent votre asile et réservent pour vous
Une sérénité qu'ils refusent au monde.

Partout où vous serez, soit qu'au sein de Paris
Vous demandiez de l'ombre à la verte tonnelle
Où le vent, parfumé par les arbres fleuris,
Murmure encor l'écho de la voix maternelle;

Soit que, vous confiant à de meilleurs climats,
Vous respiriez l'air vif des montagnes lointaines
Qui, le front couronné d'immobiles frimas,
Voient fumer à leurs pieds l'eau des chaudes fontaines;

Puissiez-vous ignorer les amères douleurs;
Que vos lèvres jamais n'apprennent à maudire;
Que la santé du corps y pose ses couleurs;
Que la santé du cœur y pose son sourire.

Puisse l'été pour vous tempérer son midi.
Les oiseaux vous chanter leur chanson la plus douce
La montagne amollir pour votre pied hardi
Ses rochers anguleux sous un tapis de mousse.

Les plaisirs vous suivront attachés à vos pas ;
Tantôt vous siégerez comme une souveraine
Parmi des courtisans, sachant rire aux éclats
Et conter galamment la chronique mondaine.

Tantôt, belle amazone, un coursier qui fend l'air
Fera flotter les plis de votre longue robe,
Et ceux qui vous verront passer comme un éclair
Se plaindront du coursier qui trop tôt vous dérobe.

Ainsi fuiront vos jours que rien n'aura troublés ;
Ainsi s'envolera la jeunesse rapide.
Mais l'ennui gît au fond des plaisirs redoublés
Qui remplissent l'esprit et laissent le cœur vide.

Je vous souhaite encor, par mes derniers souhaits
Au nom d'une amitié dont j'ai connu les charmes,
De détourner parfois vos yeux de vos jouets,
Et de goûter un peu la volupté des larmes.

Adieu donc. Moi je pars ; je vais dans mes vallons ;
Je suis trop villageois pour une capitale ;
J'ai mal étudié la langue des salons,
Sa vivacité froide et sa grâce banale.

Je ne sais pas cacher un sentiment profond,
Et quand j'ai le cœur gros, rire du bout des lèvres ;
Un mot glacé me tue, un regard me confond,
Un signe mécontent me donne un jour de fièvre.

Plus je me sens maussade et plus je le deviens ;
Ma parole se meurt, le silence me pèse,
Je m'en vais retrouver ma maison et mes chiens,
Devant qui je puis être ennuyeux à mon aise.

Là, réveillé d'un songe, oublié, j'oublierai :
J'oublierai jusqu'au nom d'un journal ou d'un livre,
Et, s'il se peut, combien on a le cœur navré
D'un moment d'amitié que la froideur doit suivre.

François Ponsard est là tout entier. Très-malheureux, très-abandonné, sans courage et sans espoir, quand il revint de cette expérience malheureuse, il ne croyait plus à son génie ; il était comme un fantôme ; il ne reconnaissait plus les chers sentiers qui menaient chez son oncle et chez sa mère. Hélas ! la mère était mourante ! Avec quelle joie attristée elle revit ce cher enfant qui avait dépassé ses plus beaux rêves ! Elle mourut en le bénissant.

Lui, cependant, pressé par la dette, implacable ennemie, il diminua cet humble héritage qu'il avait promis d'agrandir. Son pré fut vendu ; sa vigne délaissée s'ajouta au domaine du voisin. Qu'il était à plaindre, et qu'il était malheureux ! On eût dit ce berger de Virgile appelé Mœris, dont la voix s'est perdue? *Lupi Mærim videre priores...* Tel il était quand il nous revint, semblable à l'esclave fugitif dont la chaîne est rompue, et qui traîne à ses pieds endoloris le bout de ses fers.

IV

Toutes ces choses se passaient, si nous en croyons les souvenirs de Ponsard, mais il n'en parlait guère, dans ces lieux de fêtes et de plaisirs que les jeux de hasard attirent chaque année au bruit des sources sacrées. On y mène une vie à part, entre toutes sortes d'oisifs et de camarades improvisés pour les délassements de la journée. Vivre ainsi, ce n'est pas vivre; on se montre aux gens, tout au plus. Ni hommes ni femmes, tous comédiens. Chaque matin on s'habille d'après les gravures de Martinet; chaque soir on débite à l'auditoire le rôle appris dans la journée, et l'on se couche à minuit, par l'ordre du médecin, pour recommencer le lendemain, jusqu'à l'heure où l'argent manque avec la santé. Alors la musique est finie ! *Adieu paniers, vendanges sont faites !* Que messieurs les barons, les comtes et les marquis, avec mesdames les marquises, mènent cette vie à *grandes guides*, et qu'ils y soient aidés par des hommes ruinés, des jeunes gens sans emploi, et de petites dames sans aveu, quoi d'étonnant ! Mais que le malheur et, disons tout, leurs instincts mauvais, amènent dans ce monde interlope un vrai poëte, un orateur, ou quelque grand artiste, et qu'il se mette à marcher sans inquiétude sur les bords des lacs maudits, voilà d'où vient notre tristesse à cette heure, et nous sommes d'autant moins rassuré pour tant d'esprits qui nous sont chers, qu'un ami du poëte, un enthousiaste, il est vrai, a reconnu tous les abîmes dans lesquels il pensa tomber.

Mène-t-on ainsi la vie à grandes guides, est-on toujours si prêt à dépasser le but, recherche-t-on si vivement l'éclat et le luxe, passe-t-on avec une telle mobilité d'une scène de deuil à une scène de fête, en suit-on constamment le brillant tourbillon sans soulever la poussière et sans s'égarer ? Le plus habile et le plus fort y perdrait sa peine et son chemin...

Qui parle ainsi ? c'est lui, c'est le poëte, c'est Béranger imprudent, qui fut un instant le rival de Ponsard.

Le malheureux Ponsard, très-jeune et très-ignorant de ces dangers qu'il avait à peine entrevus, y donna tête baissée. Il s'était figuré que ce nouveau théâtre et ce rendez-vous turbulent des comédies, digne objet des mépris de Béranger, n'était guère plus dangereux pour son repos que le foyer des comédiens au Théâtre-Français, ou le salon de danse à l'Opéra. Si le danger n'est pas plus grand, se disait-il, j'en serai quitte à bon marché. Même il avait rencontré dans les salons du Paris oisif, amoureux de poésie, et surtout jaloux des renommées nouvelles, plus d'une vraie dame qui l'avait prié de la compromettre, afin que le lendemain on pût dire : *Elle appartient à l'auteur de Lucrèce.* Mais ces amours de la vanité n'avaient pas laissé de trace en l'esprit du jeune homme. Au bout de vingt-quatre heures, sa complice et lui s'étaient fatigués de cet étalage; la dame était revenue en son logis avec une moue adorable, et le monsieur ne s'était pas vanté de sa bonne fortune... Au fond de la Savoie, et sur les bords du lac de Lamartine, on ne badinait point avec l'amour. Ce n'étaient pas des liens qu'on pouvait rompre à plaisir; on n'était pas un amant, on était un esclave, une enseigne, et chaque jour la chaîne était plus lourde. Certes, nous n'avons pas raconté toutes ces péripéties douloureuses, mais nos indications sont certaines, et pour peu que le lecteur soit touché facilement de ces souffrances à la Werther, il nous semble, en effet, que nous en avons dit assez : *Glissez, mortels, n'appuyez pas.*

Nous voulons pourtant citer encore une de ces élégies que nous nous rappelions au commencement de cette histoire, et dont beaucoup se sont perdues par la négligence du poëte. Celle-ci est peut-être la plus belle de toutes. Elle fut écrite en 1856, à l'heure où il s'éloignait pour la dernière fois.

Laissez-les faire, disait Voltaire, les mauvais

vers SONT LES BEAUX JOURS DES AMANTS ; mais ici les vers étaient excellents, donc l'amour n'était pas bien tenace. Voici, d'ailleurs, cette pièce admirable et touchante. Elle fut imprimée et vendue au profit des pauvres, qui n'auront pas trouvé, j'en ai peur, qu'elle se vendît bien.

LES CHARMETTES

C'était un jour brumeux et gris ;
Le brouillard montant des vallées
Pesait sur les monts assombris
Dont les cîmes étaient voilées.

La fauvette et le gai pinson
Ne chantaient plus dans les futaies ;
On n'entendait que la chanson
Du rouge-gorge dans les haies.

L'églantier, parmi les sureaux
Dont la bise effleurait les branches,
Changeait en colliers de coraux
Sa guirlande de roses blanches

Mais au plus beau ciel des étés
Je préférais ce ciel sans flamme,
Car je marchais à vos côtés,
Et la joie était dans mon âme.

Tous deux, ô souvenir divin !
Nous suivions une route étroite
Que côtoie, à gauche, un ravin
Et que borde un buisson, à droite.

C'est au bord de ce frais sentier
Que Rousseau, gravissant la côte,
Vit poindre au pied de l'églantier
La pervenche dans l'herbe haute ;

Et cette maison, dans les champs,
D'où l'on voit le glacier splendide
Qui rougit aux soleils couchants
Ainsi qu'une vierge candide ;

Ce salon dont vos petits pieds
Foulaient la dalle humide et nue ;
Cette terrasse où vous grimpiez
Au bout d'une verte avenue,

C'est la terrasse et la maison
Où le philosophe morose
Vécut une douce saison
Au souffle de l'amour éclose.

Le souvenir de ces beaux jours
Charmait ses heures les plus sombres,
Et dans son cœur vivait toujours
Comme une fleur dans les décombres.

Aimer, être aimé : tout est là.
C'est la loi ; c'est pourquoi nous sommes.
Celui que l'amour consola
Brave les choses et les hommes

S'il est blessé par quelques traits,
Qu'importe ! dit-il en lui-même :
Le ciel est bleu, l'ombrage est frais,
La nature est belle, et l'on m'aime !

Comme les coteaux éloignés
Changent d'aspect et de figure,
Dans l'azur éclatant baignés
Ou plongés dans la brume obscure,

Ainsi, par l'amour transformé,
Tout nous paraît meilleur ou pire :
Sans lui, tout semble inanimé ;
Avec lui, tout semble sourire.

Mais celui que l'on n'aime pas
Contre le sort est sans défense;
Voyageur sans but ici-bas,
Chaque objet le blesse ou l'offense ;

La haine et les ressentiments
Couvrent ses penchants les plus tendres ;
Comme un feu privé d'aliments,
Son cœur ne chauffe que des cendres.

O Rousseau ! tu grondes à tort
Contre l'humanité traîtresse :
Plains-toi, plains-toi plutôt du sort
Qui te refuse une maîtresse !

Pleure Madame de Warens,
Ta première et ta seule amie,
Et brise les tristes burins
Qui gravèrent ton infamie.

Auprès d'elle tu fus heureux,
Donc tu fus meilleur auprès d'elle ;
C'eût été d'un cœur généreux
De l'honorer, même infidèle.

Plus tard, un juste châtiment
Vengea cette action mauvaise,
Et Jean-Jacques, l'ingrat amant,
Tomba dans les bras de Thérèse.

Quelle amertume dans ton sein,
Lorsqu'en tes rêves fantastiques
Passait un élégant essaim
De jeunes femmes poétiques !

Puis ces fantômes enchantés
S'envolaient, vision légère ;
Banni du ciel, à tes côtés
Tu retrouvais ta ménagère !

Je comprends, ô pauvre songeur !
Oui, je comprends ta fièvre ardente :
Le génie est un feu rongeur,
S'il n'a pas une confidente.

Quant à la gloire, on n'est pas fier
D'un nom qu'on garde pour soi-même ;
C'est un joyau que l'on n'acquiert
Que pour en parer ce qu'on aime.

Si dans l'ombre de ces étés,
A l'heure des langueurs secrètes,
Quand la lune aux molles clartés
Glissait sous les feuilles discrètes ;

Ah! si madame d'Houdetot
A tes vœux eût été facile ;
Si tes larmes... ou si, plutôt,
Celle qui vient dans ton asile...

Si celle à qui le ciel bénin
Donna, dans un jour de largesse,
Un esprit mâle et féminin
Et la beauté d'une déesse ;

Si la blanche fille d'Érin,
Si la fée aux cheveux d'ébène,
Aux yeux bleus comme un flot marin,
Eût vécu ta contemporaine,

Et si ton cœur s'était ému
De ta solitude sauvage,
O Rousseau ! tu n'aurais pas bu
La mort dans ton dernier breuvage !

Ceci dit pour la dernière fois, par lassitude et sans regret, le triste Ponsard comprit qu'il fallait nécessairement rentrer dans la vie ordinaire et dans les sentiers de la sagesse. Il songeait parfois — songes fugitifs ! — que cette vie errante ne pouvait pas durer plus longtemps. Il songeait que peut-être en ces abîmes il pouvait être sauvé par cette admirable *ménagère*, qu'il devait rencontrer charitable et forte au moment suprême. Il n'avait plus pour lui que l'*épouse*. O majesté de la femme légitime! toi seule peux tout sauver à l'heure où tout semble perdu. C'est ainsi que nous avons vu s'incliner naguère tout un peuple enthousiaste, à l'aspect de la jeune et superbe Mme Ponsard, tenant par la main ce bel enfant de ses brièves et chastes amours. C'est pourquoi, lorsque nous apprenions, par un triste hasard, ces publications intempestives que défendait le plus simple respect des lois sacrées de la maternité, nous avions pensé tout d'abord instruire un grand procès..... Nous aurions chagriné Mme Ponsard, et chargé d'un nuage ce front sévère et charmant.

Alors nous avons retenu nos plaintes, imposé silence à nos colères. Un mot nous a suffi, indiquant nos dédains pour la dame vieillissante qui se pare encore, après la mort du vaincu, des larmes et des louanges d'un pareil malheureux. Nous lisions tantôt dans les élégies de Dorat (ce beau livre est orné des plus belles images d'Eisen et de Chauffard) une pièce assez jolie, adressée à l'Iris inconnue. Elle était dans un moment d'oisiveté; pour se distraire et se reposer, elle vouait emmener Dorat à la campagne; il refusa comme un sage, et voici les vers qu'il écrivait à sa peu dangereuse enchanteresse :

Ton front brillant des roses du bel âge,
Ton doux sourire, tes talents,
Sont-ils faits pour un ermitage ?
Il vaut mieux sous ta main avoir tous tes amants.
On peut vouloir être volage ;
Cela s'est vu de temps en temps :
Que devenir alors dans un antre sauvage ?

Entre les deux poëtes, voilà toute la différence : Dorat s'amuse, et Ponsard se meurt.

V

Mais cette fois nous n'avons pas le projet de revenir sur ces amours qui n'étaient plus de l'âge des amours. Ponsard a payé son tribut : laissons en paix sa tristesse et ses repentirs. Son compagnon et son rival, Eugène Sue, a mérité, lui aussi, qu'on lui pardonne. Il vivait, en silence, dans cet injuste exil, demandant au travail le pain de chaque jour ; revenu, lui aussi, de toute espérance, à l'exemple de ses amis les plus chers :

Étienne Arago, Edgar Quinet, Victor Hugo, et ce brave homme auquel on ne songe plus guère, qui d'un trait de plume abolissait l'esclavage en 1848, l'indomptable Schœlcher, le digne ami de M. Legouvé. Tout faisait silence autour de ce vaincu des révolutions. Lui-même il ne songeait plus qu'à bien mourir, car il sentait que la mort était proche. Eh bien, tout d'un coup, ces domaines silencieux où l'historien du *Juif errant* avait posé ses tabernacles furent envahis par la *fée Étoile*, et voilà perdu à jamais le repos de ce brave homme. Un sourire, un regard vinrent à bout de cette volonté défaillante. Il était à l'âge où les hommes les plus vaillants d'ordinaire ont cessé de combattre, et tout d'un coup, le voilà qui se réveille en proie aux tortures de la jalousie, et, disons mieux, de l'espérance. On suivrait facilement, dans cette correspondance d'Eugène Sue, empreinte de toutes les passions de la jeunesse, une suite horrible des plus cruelles tortures. A Dieu ne plaise que nous entreprenions une pareille tâche; il faudrait entrer trop avant dans ce chagrin nerveux, d'une espèce toute particulière. Le *chagrin nerveux* d'Eugène Sue est digne de *l'âcre baiser* de Saint-Preux. Nous nous contenterons, s'il vous plaît, de quelques citations que seul l'amour le plus violent pouvait dicter :

Dimanche (pas de date).

Hélas! pauvre chère enfant, je disais hier : « *Votre Altesse* s'amuse, » pensant qu'en effet vous vouliez me tourmenter un peu en feignant de croire à mon oubli, et cette plaisanterie de votre part était à mes yeux un heureux symptôme de votre retour à la santé. Il n'en est rien, votre lettre d'hier au soir m'apprend le retard inexplicable de mes quatre lettres qui vous sont parvenues à la fois, et me prouve qu'en effet vous avez dû, non pas m'accuser d'oubli et d'indifférence (vous me connaissez trop bien pour cela), mais être très-surprise, et très-sincèrement surprise, de ce silence pour vous inexplicable.

. . . .
. . . .

Adieu bien tendrement, chère enfant bien-aimée. J'ai tout espoir et bon espoir dans votre belle et pleine jeunesse, si verte et si vivace, dans ce beau sang vermeil et chaud qui colore vos joues et vos lèvres. Votre excellente et saine constitution triomphera de ce malaise. J'en suis certain, je le sens. Adieu bien tendrement. En tout cas, à lundi, puisque j'aurai d'une façon ou d'une autre des nouvelles.

. . . .
. . . .

Je pense qu'il arrive souvent de si incroyables retards qu'il se pourrait (ah! quelle joie!!!) que votre lettre que j'attendais aujourd'hui jeudi ne me parvienne que demain vendredi pour me dire:«Venez...» En ce cas la poste n'arrivera ici qu'à trois heures. Je partirais tout de suite, et j'arriverais pour dîner avec vous à sept heures chez Guilland. Je saisis cette occasion de poste supplémentaire pour vous dire combien je vous aime et aimerai toujours quand même: le présent et l'avenir sont à vous, mais le passé est à moi.

. . . .
. . . .

Quel que soit l'avenir, chère enfant bien-aimée, bien tendrement aimée, de près ou de loin, présent ou absent, je suis et serai toujours à vous, du plus profond de l'âme. Encore adieu tristement et tendrement. Si dans le courant de la semaine prochaine vous avez un moment à perdre..., un petit mot, n'est-ce pas?

Voilà pour les *chagrins*. L'amour de la dame errante était fécond en désespoirs. Cet amour était un mensonge, et, ce qui est pire, un prospectus. Cette femme dangereuse se vantait dans les journaux, même des batailles soulevées par ses tristes humeurs... Le chapitre des *ennuis* n'est pas moindre, et nous pourrions citer un passage à propos d'un duel qui fit grand bruit pendant vingt-quatre heures. A la fin l'affaire fut arrangée entre les deux hautes parties contractantes, et notre amoureux s'en réjouit :

Samedi, 11 heures.

Bonne nouvelle, bonne nouvelle ; après cinq heures de discussion aussi ardue, aussi épineuse, aussi pointilleuse et ergoteuse que celle du plus inextricable des protocoles, j'ai trouvé enfin une rédaction satisfaisante pour tous, et, grâce à une douzaine de mots, deux braves gens, de qui l'un m'est bien cher, ne se couperont pas la gorge ; et je n'aurai pas à craindre, question secondaire, mais quant à moi très-capitale, de quitter ce pays, où tant de liens m'attachent. Je ne saurais vous dire combien j'ai été touché de l'intérêt que vous et notre ami m'avez témoigné à ce sujet, et je vous l'assure, j'ai eu le cœur tristement serré durant le trajet d'Aix à Annecy. L'égoïsme humain est tellement incurable que, malgré mes tristes préoccupations, je regrettais mon sacrifice héroïque d'une ou deux journées passées à Aix, me souvenant, hélas! de ces bonnes causeries du soir, heures charmantes si vite écoulées, où nous parlions de tout et de rien.

Il y a là toute une lettre assez dangereuse. Eugène Sue, en ce moment, se souvient de son habileté à faire un drame avec peu de chose, et, malgré sa douleur apparente, on voit qu'il n'est pas fâché du désastre de son ami. Nous donnons cette lettre ici, parce qu'en effet, s'il y eut *désastre*, le désastre fut réparé dignement aux frais du joueur qui avait perdu son argent. Si la publication de cette lettre n'était pas une pure imprudence, elle serait un vrai crime, et le sous-entendu d'Eugène Sue serait l'écho d'une atroce perfidie. On se rappelle à ce propos l'irritation et l'éclatante réplique d'Alphonse Karr :

Vendredi.

Je suis atterré, pauvre chère enfant, et cependant sans prévoir toute l'étendue du désastre que vous m'annoncez. J'avais appris avant-hier, d'un témoin oculaire, que notre malheureux ami avait joué à Aix; cela m'avait attristé, sachant la juste et extrême importance que vous attachez à sa bonne résolution ; mais grand Dieu, que j'étais loin de m'attendre à un pareil sinistre ! Votre lettre m'a navré, m'a arraché des larmes des yeux, bonne et généreuse et noble femme que vous êtes ! Quel déchirement, quel cri de l'âme douloureusement frappée au plus vif de sa tendresse ! Ah ! vous êtes bonne, et cela pour moi, voyez-vous, Marie, je vous l'ai dit, c'est le plus grand éloge que je puisse faire de votre cœur ! Oh ! combien je bénis mon naturel de ne m'avoir jamais laissé connaître ce hideux égoïsme, cette féroce personnalité que l'on décore du nom d'envie ! Je peux sincèrement, en âme et conscience, et la douleur dans l'âme, compatir à l'affreux chagrin de notre ami de vous avoir blessée, bon cœur, brave cœur et loyal pourtant, malgré son apparente déloyauté en ce qui touche sa promesse à vous faite.

Arrive ensuite l'excuse éloquente et presque désintéressée de ce joueur manquant à la parole qu'il avait donnée à son bon génie. Eugène Sue aurait fait une belle page de bonne copie avec cette déclamation :

Il n'avait pas conscience de lui-même, il avait la fièvre, cette horrible fièvre du jeu, qui vous égare, vous rend fou. Non, il n'avait plus conscience ni de vous, ni de sa mère, ni de son génie, ni de sa foi.

C'était un fou, et des fous il faut avoir compassion ; il faut les soigner, les calmer, les guérir, et surtout, avant tout, éloigner d'eux tout ce qui peut réveiller leur folie. Voilà pourquoi il faut que notre ami fuie l'occasion ; ah ! l'occasion, l'occasion, spectre fatal, entremetteuse infâme. Je suis navré, Marie, parce que, je vous le répète, je vous l'affirme, notre ami souffre en homme de cœur, à qui ses remords, ses reproches contre lui doivent être affreux ; mais de grâce, je vous en conjure, ne désespérez pas, ne désespérez pas ; ce serait le décourager, il faut au contraire lui dire la vérité : qu'il a commencé à peine à produire tout ce que l'on attend de son génie, qu'il est homme de caractère ; qu'il n'y a point de passion invincible ; que le sentiment du devoir qu'il a, lui plus que personne, lorsqu'il est dans son état normal, triomphe de ces égarements lorsqu'on le veut ; qu'il trouvera la plus noble, la plus douce, la plus maternelle, la plus féconde des expiations dans le travail. Mon Dieu, combien je voudrais pouvoir, j'en jure Dieu, lui donner quelque peu de cette obstination invincible que j'ai pour le travail, et à qui j'ai dû, je dois tant de consolations. Justement, lors de notre dernière promenade, en conduisant votre voiture, nous causions de cela ; il s'étonnait de mon labeur constant, de ma puissance de solitude, et je lui disais : « Essayez, fixez-vous chaque jour une heure de travail, vous poëte. L'inspiration ne viendra pas, certes, chaque jour, mais la chercher, mais l'attendre, c'est déjà s'occuper. » En parlant du jeu je lui disais : « N'avez-vous pas la plus belle, la plus noble, la plus palpitante et brûlante partie de jeu engagée avec le public lors d'une première représentation? Sont-ce les émotions, est-ce le gain que vous cherchez? Où trouvez-vous des émotions plus vives, plus violentes, une chance de gain plus favorable? Que pouvez-vous perdre? quelques mois de travail, il est vrai; mais chez les grands poëtes, comme chez les grands hommes de guerre, les défaites mêmes ne sont pas stériles : elles enseignent. »

Arrêtons-nous ici, nous n'irons pas sans cesse et sans fin tourner dans ce dédale élégiaque, où reviennent, à chaque page, les grâces, les enchantements, les perfections.

DU MÊME A LA MÊME.

Je vous aime, en effet, Marie, non parce que par la jeunesse, par la beauté, par l'entraînement passionné du cœur, enfin par votre rare esprit, vos invraisemblables talents vous êtes la femme la plus complète que j'aie connue, mais parce que, dès le premier jour, nous avons pris l'habitude d'une telle franchise, d'un tel dédain du convenu, du faux, du simulé, que nous sommes entrés de prime abord dans une voie de confiance absolue que les meilleurs amis n'ont, je crois, jamais eue et n'auront jamais l'un pour l'autre. Est-ce un mal ? est-ce un bien ? Je crois que c'est un bien, en cela que nous sommes un peu comme ces amants qui n'ont qu'à gagner à se déshabiller jusqu'à la chemise inclusivement aux regards l'un de l'autre.

Eugène Sue parlait ainsi, déjà pressentant le dernier jour ; mais nous ne comprenons guère que la même femme à qui ces choses énormes étaient adressées ait eu le courage de les imprimer. Il fallait donc qu'elle fût bien courageuse, étant imprudente à ce point, et se connaissant si peu. Pauvre Eugène Sue, et malheureux Ponsard ! dans quels piéges étiez-vous tombés ?

A la fin, quand il n'a plus rien à dire à la *fée Bonheur*, ces agitations se calment, la passion s'apaise. On dirait de l'Océan après la tempête, quand les flots obéissent encore aux vents qui soufflaient le matin.

On voit cependant que la tempête a passé par là. Eugène Sue et Béranger, brûlant des mêmes feux, resteront comme un nouveau témoignage que l'amour est vraiment le lot de la jeunesse. On a beau faire, on ne remplace pas la trentième année ! Ils sont morts tous les deux, dignes de porter une longue agonie, et tout à fait oublieux de ces dernières et ridicules passions.

Vous savez comment Ponsard est mort ! plein de gloire, et laissant une renommée impérissable. Sa statue est l'ornement de sa ville natale. A l'heure de minuit, par ces clartés silencieuses, j'entends encore l'agonie et les plaintes du poëte infortuné.

VI

Sur l'entrefaite, une révolution terrible avait encore épouvanté le monde, et François Ponsard, grand ami des libertés nouvelles, se mit en quête d'un sujet qui pût convenir à cette nation bouleversée. Il chercha son nouveau drame au beau milieu de la Révolution française, dans ce Paris croulant, au pied des échafauds et d'une immense spoliation de toutes les fortunes. Quelle histoire et quel avenir ! On a le vertige rien qu'à les sonder. Tout est perdu, tout est parti ; l'exil et l'échafaud se sont tout partagé. Il n'y a plus de châteaux, plus d'hôtels, plus d'églises, et plus rien des grandeurs d'autrefois! Il n'y a plus de marquis, plus d'armoiries; il n'y a plus de *de*, il n'y a plus de *saint*, il n'y a plus de poudre à poudrer et plus de boucles d'argent aux souliers.

Les habits en velours brodés sont remplacés par la ratine couleur sang de Foulon. C'est un dépouillement complet. On arrache au valet sa livrée, au tombeau son cadavre, au roi son sceptre; son voile à la reine, à Dieu son temple. En même temps voilà tout d'un coup que cette *société française* se rue en mille excès tout nouveaux : *la Carmagnole* et le *Ça ira*, *la Marseillaise* et le *Veto*, le bois d'acajou (ô meurtre!) et la chaise curule (ô vandales!); comment donc! vingt théâtres, cent journaux et je ne sais combien de *chroniques* dans lesquels la vie et l'honneur des honnêtes gens sont voués au bourreau et à l'infamie!

Dans les champs de blé le bœuf s'arrête, indigné de labourer le dimanche; on n'entend plus battre en chœur ces métiers merveilleux. On dirait qu'elles sont mortes, les cités laborieuses.

Elbeuf, Abbeville, Amiens, Marseille, Rouen, Saint-Quentin! plus de beaux draps, monsieur le marquis; plus de dentelles et plus de velours, madame la marquise; plus de tapisseries des Gobelins, plus de pâte tendre à Sèvres, plus de batiste de Valenciennes; en revanche, des assignats tant qu'on en veut et des demoiselles errantes à foison, et plus qu'on n'en veut. C'est le grouillement universel!

Elles ont cessé de régner par la grâce et la beauté, ces divinités de Versailles, ces reines de Trianon, ces beautés des Tuileries, ces gaietés de Choisy; ces élégances, ces parfums, ce doux rire, ont passé l'Achéron. Plus de fêtes, plus de chansons, on ne rit plus, à peine on ose respirer, chacun tremble en sa maison suspecte. Au dehors, la guillotine; au dedans, les pourvoyeurs de guillotine. On joue au Vaudeville *né malin : la Guillotine d'amour!* Ah! que de sang! Des drames à faire rire et des comédies à faire peur : *La Mort de Marat, la Royauté abolie, Encore un Curé, le Père jacobin, les Princes de la féodalité!* Telle était l'œuvre et tel était l'art dramatique. Et *vive le son, vive le son du canon!*

le *Ça ira, ça ira!* sans compter *le Jugement dernier des rois,* de Sylvain Maréchal.

En ces temps affreux, des sauvages qui ne savaient pas même rimer *prisons* et *poisons* refaisaient tranquillement *le Misanthrope* à l'usage des Célimènes de guillotine! On a voulu mettre *Cinna* à la lanterne. Au lieu de dire..... « On loge à la place *Royale* », il faut dire (ou la mort) : « Elle loge *à la place des Piques!* »

Mort au génie et au bon sens! L'art est parti avec la liberté! la Terreur a brisé les esprits, elle a égorgé les poëtes, elle abolit l'Académie, elle a rempli les prisons, elle a brûlé les livres, elle a déchiré les tableaux; elle est la ruine, elle est le vandalisme, elle est l'esclavage, elle est... *la Terreur!*

Ajoutez à ces aimables incidents l'exil et la famine! Où est le pain? Paris meurt de faim à cette heure et tend la main à l'aumône; il fait queue à la porte des boulangers; il a faim, il a soif, il a froid; il n'a pas d'autre asile que la prison et pas d'autre espérance que la mort. La prison et l'échafaud se tiennent. Chaque matin ramène un massacre. O misérables! le même jour où tomba Robespierre, on vit le tombereau chargé suivre en silence le chemin accoutumé! O honte! ô misère! ô crime des lâchetés publiques! dans cette foule atterrée il n'y eut pas un homme (un seul suffisait) pour arrêter cet abominable viatique... et le tombereau poursuivit son chemin, et l'échafaud eut sa proie accoutumée! — Il y eut parmi les morts de ce dernier jour un poëte, André Chénier!

Tel était le triste sujet de l'étude et des contemplations de Ponsard, lorsqu'au mois de mars 1850 il fit représenter ce fameux drame, une des plus belles choses sorties de sa tête et de son cœur! qui devait vivre longtemps et qui n'a pas vécu, tant le malheur poursuivait cet homme heureux.

Toutefois, à propos de *Charlotte*, il y eut rupture entre Mlle Rachel et son poëte. Elle ne tenait pas toujours ses meilleurs engagements, Mlle Rachel! Si M. Legouvé ne l'y eût forcée, en lui faisant accepter un certain tribunal d'appel, elle n'eût jamais consenti au rôle d'Adrienne Lecouvreur, une tâche illustre qui la renouvelait et l'a fait entrer de plain-pied dans la prose et dans le drame. Après avoir sollicité (c'est le mot) le rôle de Charlotte Corday et retiré l'auteur du théâtre de la Porte-Saint-Martin, qui lui proposait cent mille francs, à lui si pauvre et ruiné par toutes ces passions que nous vous racontions tout à l'heure, elle finit par renvoyer au malheureux poëte le poignard vengeur de Charlotte Corday, et ni les prières, ni les menaces, ni la peine et le tort qu'elle faisait à ce jeune homme, et toutes les représentations de Reynaud, son ami, ne furent suffisantes à combattre une si funeste résolution. Ponsard, affligé, s'éloigna de la trompeuse comédienne, et lorsqu'enfin ils se furent assez boudés l'un l'autre, elle exigea qu'il lui ferait un petit drame où elle fût tout à fait charmante.

Le grand succès du *Moineau de Lesbie*, et le charme irrésistible de Mlle Rachel souriante, inspirèrent bien des poëtes, qui voulaient tenter la fortune d'un petit acte avec Mlle Rachel pour interprète. Ainsi, M. Barthet, l'auteur du *Moineau de Lesbie*, peut compter, ceci soit dit à sa gloire, au premier rang de ses imitateurs l'auteur même de *Lucrèce*, M. Ponsard, lorsque, dans un moment d'oisiveté, il improvisait, pour servir de pendant au *Moineau de Lesbie*, une saynette romaine, *Horace et Lydie*, une comédie innocente et toute faite : depuis tantôt trois mille années, elle se retrouve dans tous les colombiers et dans tous les poëmes de l'amour.

Mlle Rachel, devenue en ce rôle une grande coquette, se contemplait à son miroir vénitien avec un bonheur ineffable ; elle souriait, charmante, à sa propre beauté, et par toutes les grâces qui étaient en elle elle se vengea des sévérités de la critique. Elle était vraiment une femme ; elle en avait toutes les aspirations, et quand elle se mêlait d'être belle uniquement, elle accomplissait sa tâche à merveille. Ainsi elle a joué plus souvent peut-être le rôle de Lydie que le rôle de Lesbie ; elle n'y était certes pas plus applaudie, seulement elle s'y trouvait plus charmante, on lui disait plus longtemps qu'elle était belle ; elle avait accepté *Horace et Lydie* comme un cantique à sa jeunesse, à sa beauté !

Il devait s'attendre... il s'attendait en effet qu'à la même heure il rentrerait dans les bonnes grâces du Théâtre-Français, et, pour mettre à profit le succès d'*Horace et Lydie*, il écrivit sur l'heure une comédie en cinq actes, en vers, qu'il intitula, sans souci de l'affiche et de la curiosité publique, *Georges, ou l'Épreuve*. C'était, sans contredit, le plus mauvais titre et le moins attrayant qui eût jamais été posé à la porte d'un théâtre : Georges qui ? Qui donc, Georges ? Et l'épreuve de quoi ? Il y avait depuis cent ans au théâtre une heureuse comédie : *l'Épreuve nouvelle*. Aussi bien un ami de Ponsard (cet homme-là, Sire, c'était moi-même!), voulant annoncer *Georges, ou l'Épreuve*, écrivit fièrement *l'Honneur et l'Argent*. A ce nouveau titre, on vit les curieux accourir et s'informer. Mais, hélas! le Théâtre-Français fut impitoyable (on lui peut reprocher plusieurs fautes du même acabit : *Les Vêpres Siciliennes* refusées; dernièrement encore, la pièce de Mallefille indignement refusée). Hélas! le malheureux Ponsard, il jouait son va-tout dans ce jeu du hasard du théâtre, et je le vois encore apportant dans notre logis attristé cette incroyable déconvenue. Il y avait en ce temps-là un portier de la Comédie, homme intelligent et grand observateur. Je courus m'informer du sort réservé à la nouvelle comédie : « Oh! bien, me dit-il, je ne sais pas s'ils l'ont reçue. En descendant l'escalier, Mlle une telle riait aux éclats. Ce rire était d'un fâcheux présage. »

Heureusement un brave et bon comédien de l'Odéon, M. Tisserant, s'en vint le lendemain de ce jour funeste me demander la pièce au nom de son théâtre. « Il ne faut pas, disait-il, oublier le succès de *Lucrèce*, en ces lieux fréquentés par la jeunesse libérale, et volontiers nous répondrions du succès. » Bref, l'Odéon adopta la nouvelle comédie, et la critique et le comédien eurent leur bonne part dans ces applaudissements durables et mérités.

VII

Peu de temps après, attiré par le succès de l'*Honneur et l'Argent*, Ponsard écrivit une nouvelle comédie en beaux vers alexandrins, *la Bourse*. Or *la Bourse* était l'histoire d'un joueur, et ses amis devaient s'attendre à quelque tableau dramatique et funeste. Hélas! nous savions tous qu'il était plein de son sujet. — D'abord, la comédie eut grand' peine à se faire adopter dans ce comité de lecture qui se forme, à la volonté des poëtes, aussitôt qu'ils sont en doute de leur ouvrage Absolument, et coûte que coûte, il faut tout reprendre en sous-œuvre. Alors, frappé de nos remontrances, il s'enfuit au Mont-Salomon, et là, tout seul, découragé, il refit en fort peu de temps le quatrième et le cinquième acte. Cette version n'était pas très-bonne, elle valait mieux que la première. En toute hâte, la pièce fut jouée et réussit le premier jour au delà de toutes les espérances; mais la comédie était languissante, et, sinon vide, au moins creuse. On la loua beaucoup, on ne la joua pas longtemps. « Je comprends bien, nous disait Ponsard, que j'ai lassé le public, et qu'il ne faut pas le solliciter trop souvent. »

Pourtant, dans cette nouvelle comédie on trouve encore de belles choses, et, malgré soi, l'on s'intéresse au spectacle animé de tous ces joueurs qui s'en viennent sous ces voûtes funestes hasarder toute leur fortune. Tout y passe à la fois, le passé, le présent, l'avenir. La mère y vient jouer la dot de sa fille, et le père au désespoir le pain de ses enfants.

On a beau dire, on dit trop souvent que le public n'a pas le droit de franchir le seuil de la vie privée. Au contraire, il a tous les droits du monde, et, sitôt qu'il veut deviner un mystère, il le devine. Il eût compris bien vite les tristesses, disons mieux, les ennuis de Ponsard. Le malheureux succombait sous la peine; il demandait grâce et merci aux événements. Mais l'événement est implacable. Hélas! sur l'entrefaite, il avait perdu sa mère; il avait perdu son humble fortune; il ne pourra plus, comme autrefois, se réfugier dans le petit domaine, à l'ombre étroite de la vigne paternelle. Il n'aura plus, toujours présente, la providence maternelle, attentive à deviner ses blessures, et les pansant d'une main si légère. Il est seul, le malheureux, et voici maintenant qu'il entend des voix exigeantes. Hélas! la question d'argent est implacable! Vous en êtes la proie et la nuit et le jour. Elle vous menace et vous poursuit sans cesse, en tous lieux, dans le travail, dans le repos, si bien que la renommée en est diminuée, et que même la gloire en est oubliée!

Il y eut un jour, dans ces désespoirs douloureux, où le malheureux regrettait (qui l'eût dit?) son oisiveté d'autrefois. Quand il menait la vie errante, dans ces fêtes si vite oubliées, il s'était blasé sitôt de ces passions malséantes. Il ne voulait plus être un jouet de ces caprices dont il comprenait la vanité. Ses amis étaient au loin, attendant, pour qu'il les rappelât, les heures clémentes. Ils invoquaient la Liberté ; il ne voyait que l'Empire. A son tour, Mlle Rachel, son espoir, était vaincue et s'en allait, mourante, en Égypte, où le ciel est si doux, où les eaux sont si tièdes ; mais le ciel et le fleuve, et ces bonnes gens qui, la voyant passer dans ces restes de splendeur, la saluent comme on saluerait une reine, tant de soins et de respects furent inutiles. Elle se sentait perdue, et ce fut à peine si elle donna au poëte égaré quelques-unes de ces consolations dont il avait si grand besoin. Nous avons vu le poëte en ces temps misérables ; nous avons écouté sa plainte et compris son silence. Il eût dit volontiers, parfois, ce vers touchant de *l'Honneur et l'Argent* :

Moi qui n'ai pas dîné pour acheter des gants !

Véritablement, il fallait en finir avec cette abominable position.

Mais il était profondément l'homme honorable; il voulait vivre et mourir honoré. Il comprenait très-bien que désormais le travail seul pouvait lui venir en aide, et, quand il eut fait tout son compte, il se dit avec beaucoup de force et de bonheur que peut-être il pourrait combler ces abîmes. En ce moment vivait parmi nous un brave homme, animé des meilleures et des plus tendres passions. Il avait pour confident un sien ami, un véritable écrivain qui s'appelle Hetzel. Cet Hetzel, tout charmé du talent, de la grâce et du bel esprit de Ponsard, le voyait avec terreur côtoyer ces abîmes. « Je voudrais, lui disait son ami Bixio (pourquoi donc ne pas le nommer, il est mort plein de gloire et d'honneurs!), je voudrais, ma fortune étant faite, venir en aide à quelque honnête homme de la profession lettrée. Il me semble, en effet, que vous pourriez accepter le prêt que je puis vous faire, et je serais bien content. » Sur quoi, le libraire Hetzel se défendit de son mieux, disant que l'injuste exil ne lui avait pas tout ôté, et qu'il pourrait facilement rétablir ses affaires, brisées par l'abominable intervention des hommes du 2 décembre. « Et, si vous voulez, mon cher maître, venir en aide à l'un des nôtres, il en est un des plus intéressants, le meilleur de tous, qui se recommande à votre amitié. » Voilà ce que fit Hetzel ; et nous pouvons ajouter, par la volonté de Ponsard, par l'énergie et la force de sa digne épouse, qu'avant la mort du poëte, obéissant à cette impulsion généreuse, toutes ses dettes étaient payées. C'est un chapitre admirable en cette histoire, au moment de la suprême récompense! Ils furent égaux l'un à l'autre. Il s'endormit du moins reposé de ce côté-là.

VIII

Mais, hélas! ce n'est pas seulement de l'argent prêté que se composent ces grandes espérances, encore faut-il la force intime et le courage admirable que donne aux honnêtes gens la présence de l'épouse. Elle sera la gardienne et le salut, elle sera l'exemple et le conseil. Avec elle seulement tout sera possible. Hélas! où la trouver? La prudence des parents, la réserve des amis, les vieilles gens qui se mêlent de tout... Autant d'obstacles. Il y avait heureusement, dans la compagnie et dans l'amitié de ces deux bons cœurs, si bien faits l'un pour l'autre et si courageux, M. Jules Sandeau et Mme Sandeau, une aimable et vaillante jeune fille, la fille du colonel Dormoy, dont la grâce et la beauté, dignes sujets d'envie, et des plus honnêtes envies, étaient célèbres dans le monde lettré. Elle était forte et bienveillante, avec l'activité généreuse des meilleures natures. D'abord elle eut peur, elle hésitait à ce grand sacrifice. Il fallut longtemps solliciter cette grâce et cette bonté pour lesquelles elle se sentait faite. En vain on lui représentait qu'il était pauvre, elle répondait : « J'ai de quoi vivre ! » — On lui disait qu'il était malade, elle disait. « Nous le guérirons ! » — Qu'il était triste et malheureux : « Nous lui ferons la vie heureuse et douce. » Il fallut bien céder à ce dévouement plein d'imprudence. Enfin, tous les amis du poëte revenu à l'espérance eurent le bonheur d'assister à son mariage avec cette beauté si parfaite et si dévouée. Ah ! ce fut un beau jour ! Vraiment, disait un des témoins de cette fête inespérée, on se croirait à la première représentation de *Lucrèce !* Il y avai un sourire sur toutes les lèvres, un contentement dans tous les regards. Chacun se félicitait et prédisait à son ami Ponsard les bonheurs à venir. Nous avons précieusement conservé les témoignages de ces beaux jours, et, s'il vous plaît, nous en publierons quelques-uns. Poëte, il écrivait à sa belle fiancée une élégie où se retrouve abondante la grâce de son maître André Chénier :

— D'où viens-tu, fleur de l'oranger ?
— D'un jardin que le Rhône touche
Des flots le murmure léger
M'endormait dans ma verte couche.

Pour l'abeille qui picorait
Ma coupe de miel était pleine ;
La jeune vierge s'enivrait
Des doux parfums de mon haleine,

Et sentait, en me contemplant,
Battre son cœur sous son corsage ;
Elle rêvait au bouquet blanc
Qui met la rougeur au visage ;

Pour moi chantait le rossignol
Et pour moi scintillait l'étoile ;

Le zéphyr, arrêtant son vol,
Froissait la feuille qui me voile ;

Mystère plus suave encor !
Sous les caresses de son aile
Déjà se formait un fruit d'or
Dans ma corolle maternelle.

— Pourquoi donc fuir ce ciel heureux
Où tant de fêtes t'ont bercée ?
— Un pauvre chanteur amoureux
Me cueillit pour sa fiancée.

Je n'aurais pas fui mon jardin
Pour le corsage des princesses.
Et je n'aurais eu que dédain
Pour l'union de deux richesses ;

Mais l'union des cœurs me plaît ;
Je tiendrai lieu des perles rares.
Des bijoux que le bon Dieu fait
Les arbres ne sont pas avares.

Je renonce à mes longs espoirs ;
J'aime mieux mon court esclavage,
Et mourir dans ses cheveux noirs
Que de vivre sur un rivage.

Parmi les lettres qu'il écrivait pour faire part à ses amis de son bonheur, on retrouve à chaque instant la trace et le souvenir de sa jeune et vaillante épouse. Ils furent reçus dans leur ville natale avec ces tendresses ineffables que, parfois, les concitoyens d'un poëte ont le bonheur et l'honneur de rencontrer ; et voici, par exemple, une élégante narration de leur retour à Vienne en Dauphiné :

Sainte-Colombe, 30 juillet.

Cher J. J. et chère madame Janin, ce ne sont jusqu'à présent que jours de fête : fête nuptiale, fête de l'arrivée, fête de Sainte-Colombe avec farandoles, vogue et joûtes sur le Rhône ; aujourd'hui c'est la fête du cœur ; toute la famille vous écrit. L'oncle écrit à Janin, ma petite femme écrit à madame Janin, et moi je vous écris à tous les deux. Merci, bon J. J., ta lettre est un petit chef-d'œuvre de cordialité, de grâce, de délicatesse et de sentiment ; le bonhomme d'oncle et le ménage en ont été attendris jusqu'aux larmes. Chose merveilleuse ! l'écriture est tout à fait lisible !! la main marche donc bien ! et les pieds, vont-ils comme la main ? Si les imprécations y pouvaient quelque chose, il y a longtemps que la goutte ne serait plus chez toi, ni les Russes chez les Polonais. C'est mon ennemie la plus odieuse, cette goutte, qui m'a enlevé mon cher témoin ; j'ai su combien tu en avais été triste, et je ne puis te dire comme ce chagrin m'a touché.

Oui, oui, je vais travailler ardemment, avec courage et confiance, pour elle et pour moi. Le temps des orages est passé ; voici la sérénité, la douceur et la paix intérieure — et à leur suite la sagesse. Je mène ma femme à la Chartreuse au commencement de la semaine prochaine. Puis c'est le tour du travail. Vive le travail ! *Fervet opus.*

L'oncle, *le second père*, c'est bien le mot, est enchanté, ravi, enivré. Sa joie éclate en mille et mille prévenances. Il adore sa nièce ; il en est tout fier. Il paraît qu'on pouvait encore m'aimer, car — c'est bizarre, mais c'est ainsi — elle m'aime beaucoup, et moi je le lui rends bien. Tout le monde l'aime, ici ; chacun et chacune lui sourient ; elle est accueillie par toutes les sympathies de l'une et de l'autre rive, et rien n'est plus doux que de donner le bras à une femme que chacun aime et respecte.

Nous dînons tous les jours, tous les trois, dans le petit jardin, devant le Rhône, ton Rhône, et chaque fois que je dîne, je pense à la tonnelle de Passy, cette tonnelle amie et hospitalière qui a si bien accueilli le naufragé aux trois quarts noyé. Nous avons bu à ta santé et à la santé de Mme Janin ; le jour où vous viendrez nous voir, ce jour béni sera marqué de blanc, et le bonheur de la petite famille sera complet ce jour-là.

Adieu, cher et bon J. J. Adieu, chère et bonne madame Janin. Je vous embrasse de tout mon cœur, et elle vous embrasse, et l'oncle vous embrasse.

Il faut embrasser pour moi mon brave Ricourt ; il faut serrer cordialement les mains à Paul Bapst et à Moreau. Comme ils ont été gentils, attentifs et dévoués! Il faut enfin dire mille amitiés pour moi à Julie, à Mme Joannet, à François, vos fidèles serviteurs.

Le beau Bijou fait l'admiration de toutes nos belles dames.

Adieu, adieu. Je vous embrasse encore et vous embrasse toujours.

Votre ami,

F. PONSARD.

Toute la maison de Sainte-Colombe veut être en pensée avec celle de Passy. Fosco, mon petit chien, envoie ses compliments à Diane.

Écoutez, cependant, une lettre de Mme Ponsard. Elle écrit aussi bien que son mari. Déjà les épreuves commencent ; elles ne finiront plus qu'à la mort de cet infortuné :

Mont-Salomon, mercredi.

Oui, vous êtes bien les vrais amis : toujours le cœur prêt, aux bonnes comme aux mauvaises heures. Nous vous aimons tendrement ; ce serait une félicité pour nous de vous garder des jours et des nuits *nella casa*. — Pauvre chaumine! les roses fleuriraient mieux, il me semble, et les oiseaux chanteraient davantage. Hélas! tout est bien morne encore ici ; le maître n'est pas rentré. Il faut arracher les orties que j'ai trouvées hautes comme le Lili, étayer les murs qui s'écroulaient, faire enfin un bout de toilette indispensable à ce pauvre vieux héritage.

Les ouvriers ne me craignent guère, vous pensez, de sorte que la besogne ne va pas vite — et François ne veut et ne peut, vraiment, rentrer ici que lorsque seront effacés les pas du dernier manœuvre.

Il est, chez l'oncle, aussi bien qu'il peut être hors de chez nous : un modèle de père et d'hôte, une lieue de Rhône devant lui, et une très-fine cuisinière; mais de Salomon à Sainte-Colombe il y a quatre kilomètres, en plein soleil, sur un océan de pierres.—Ce pèlerinage, un jour sur deux, et la direction des ouvriers l'autre jour ne seraient pas précisément le passe-temps de choix de votre dévouée servante. Ah! si le cœur était content, quelle ardeur n'aurais-je pas à l'ouvrage, mais la santé de mon pauvre François laisse encore tant à désirer. Il va mieux, cependant, évidemment, et je *guette* un mieux encore plus prononcé; l'état général est meilleur, la figure semble celle d'un convalescent, mais les douleurs ne veulent pas lâcher prise. — Vive Dieu! à présent qu'on a vaincu, il faut vivre pourtant!

Et vous, cher, bon, illustre et charmant J. J., comment allez-vous? A merveille, n'est-ce pas? Vous êtes tous deux bien portants, heureux, vous nous aimez, nous guérissons, dites, dites-nous cela et tout ce que vous trouverez de meilleur, nous en avons besoin et nous le méritons. Adieu. Je voulais dire au revoir ; mille, mille, mille amitiés. Je vous embrasse, monsieur et madame, de tout mon cœur.

A vous,

MARIE PONSARD.

François parle bien de vous ; il vous écrit, dans son par-dedans, les plus aimables choses, mais je lui défends de tenir la plume, excusez-moi. Je crois que le François II ne sera pas un être désagréable.

IX

Un autre jour, comme il est à réparer sa maison croulante, il est en plein doute, et se demande à lui-même s'il aura bien la force d'aller jusqu'au bout de sa tâche ! Il avait écrit déjà son poëme intitulé : *Galilée*. Il croyait ne faire qu'un chapitre pour quelque revue, et sans le savoir, sans le vouloir, il avait fait un vrai drame. Aussi bien il ne comptait pas sur *Galilée* en ce moment douloureux, où le succès semblait l'abandonner. Son malaise et son chagrin lui venaient surtout d'une malheureuse pièce au théâtre du Vaudeville : *Ce qui plaît aux femmes*, une œuvre obscure, embarrassée, et qui se ressentait des violences que fait un malheureux poëte à son esprit. *Ce qui plaît aux femmes* avait trouvé peu de sympathie, et le public s'était détourné pour ne pas voir cette malechance. Ainsi son chagrin fut poussé à l'extrême, en se voyant traité sans pitié par la critique effarée et qui ne savait plus ce qu'était devenue l'inspiration de *l'Honneur et l'Argent*, d'*Horace et Lydie*, et la grande lamentation cornélienne de *Charlotte Corday*.

Mais écoutons la plainte du poëte désespéré :

Mont-Salomon, vendredi.

..... La lutte avec les difficultés de la vie matérielle consume mes forces. Il a fallu quitter Vienne ; le bébé malade, la nourrice à loger, nous ont forcés à nous installer au Mont-Salomon. Depuis le mois d'août je suis rentré dans cette maison abandonnée que je n'avais plus revue après la mort de ma mère. J'ai remis le pied dans cette allée où elle s'asseyait. C'était un moment douloureux, mais il a bien fallu surmonter cette émotion. Nous avons été obligés de remeubler ces chambres vides, de repeindre ces vieux plafonds, de refaire ces murs dégradés, et le petit ménage à entretenir, et tout cela sans argent. Le travail en a souffert. Et puis on m'a tant découragé, tant battu, tant moqué, et *poëte bourgeois* par-ci, et *notaire* par là, et *honnête rimeur*, et pauvre diseur de choses banales, et style terne, et pensées communes, et phrase incolore, etc., etc., que je tremble et doute de moi, et trouve mauvais tout ce que je fais et le déchire, et finis par croire que ce sont les autres qui ont raison, et qu'une surprise de l'opinion a fait ma réputation, et que je vais achever de la défaire par une nouvelle œuvre. Joignez à cela les embarras, la gêne, et plus que la gêne, et les mille soucis. Ce n'est pas commode, allez, pour penser et pour écrire.

Cependant je vais, je vais comme je peux. Mais non, je ne serai pas prêt quand il faudrait que je fusse prêt. Vous le savez bien; vous le devinez bien; vous sentez bien que si j'avais été bien content de moi je vous aurais écrit; je vous l'aurais dit; je vous aurais fait cette joie.

J. J., crois-tu qu'il serait bon, pour montrer que j'ai fait quelque chose, de publier, en attendant mieux, dans une revue ou dans une petite édition, ce *Galilée* que je vous ai lu et qui est entièrement achevé? Je ne songe point du tout au théâtre pour ces deux actes injouables; mais cela vaut-il la peine d'être imprimé séparément, ou ne faut-il le mettre qu'à la queue d'un volume? Qu'en dis-tu, la main sur la conscience. J'attends ta réponse pour en parler à ce bon Michel Lévy.

..... Au milieu de tout cela la petite femme est très-courageuse, le Loulou prospère et nous sourit.

Nous vous aimons de tout notre cœur, et nous vous embrassons avec effusion.

A vous, entièrement.

F. PONSARD.

Sa santé décroissait chaque jour. Il était pris par un mal horrible et sans pitié qui lui dévorait les entrailles. Les meilleurs médecins de Paris, après avoir bien étudié le siége et la cause de ses tortures, le docteur Trousseau, le docteur Voilmier, le docteur Ricord (excellent pour Ponsard), ces maîtres de la science avaient reconnu tout bas un mal inguérissable. Il était assis chez nous, sur les marches de l'escalier du pavillon qui porte son nom lorsqu'il éprouva la première atteinte de cette immense agonie, et nous autres, ignorants de ces grands supplices, nous eûmes cependant, à voir sa pâleur, le pressentiment d'une étrange torture..... Il ignorait qu'il fût si profondément atteint. Il avait gardé l'espérance ! En proie à ce mal sans rémission, il appelait le travail à son aide ; il se reposait dans l'inspiration. Ce mal a duré trois années, chaque jour amenant un progrès de la maladie, un mensonge des médecins.

Mont-Salomon, 24 août.

Bonjour, chers et si bons amis ! C'est toujours un malade qui vous écrit, mais ce n'est pas un mouran quoi qu'en disent les journaux. Non, non ; il veut vivre pour vous embrasser et pour vous aimer, et il vivra. Le docteur ne me promet un complet rétablissement que dans un ou deux mois ; mais il n'y a jamais eu le moindre danger, et depuis dix jours l'amélioration commence à être sensible. L'arsenic me réussit beaucoup mieux qu'à M. Lafarge. Je souffre encore beaucoup de temps en temps, — je suis un douillet, un délicat, je rougis de parler de souffrance devant le courage, la sérénité et l'aimable philosophie de J. J. supportant sans se plaindre des douleurs aiguës, bien plus vives que les miennes. — Mais je vois marcher dans le jardin le petit François, qui fait déjà dix pas sans tomber et qui est déjà un savant : il imite la vache, le canard et le chien, et il dit papa et maman. La petite femme est toujours on ne peut plus gentille, et la mère est la meilleure femme du monde. Tout ce petit monde vit doucement dans sa solitude peuplée, et vous rit et vous tend les mains. De plus j'ai l'esprit en repos. Thierry (l'administrateur du Théâtre-Français), qui a été fort aimable pour moi en tout ceci, m'a accordé jusqu'au 15 octobre. C'est largement ce qu'il me faut pour reprendre l'ensemble de la pièce, à tête reposée, et y mettre la dernière main. Le cinquième acte est fini, sauf correction. — Ah! ce ne sera pas ce que j'aurais voulu. J'en vois bien tous les défauts, qui me sautent aux yeux; mais j'ai fait et j'aurai fait tout ce que je pouvais faire.

Mon docteur, qui s'opposait à mon départ le premier septembre, et qui ne voulait pas que j'allasse interrompre, dans les agitations des répétitions, un traitement qu'il faut poursuivre dans la paix des champs et le calme de l'esprit, mon docteur ne voit aucun inconvénient à me laisser partir le 15 octobre, époque à laquelle je serai guéri ou à peu près.

Tout est donc pour le mieux, et les jours, malgré quelques souffrances et quelques soucis, s'écoulent gaiement, surtout ceux où nous recevons vos lettres; ceux-là sont les jours marqués de blanc; la grand'mère, la mère, le vieux François et le jeune François s'assemblent en rond, et on lit la lettre à haute voix en s'écriant : Comme ils sont gentils! Comme ils sont bons! Comme nous les aimons!

Nous vous embrassons tous de tout notre cœur, chers amis, et nous vous prions d'offrir nos hommages à vos chers parents.

A vous, à vous.

F. PONSARD.

Bonjour, nos amis !

Il va mieux ; il me gronde de ne l'avoir pas encore guéri, mais au moins il sait maintenant que je le guérirai. Dites comment vous allez, vous ?

Au revoir, je suis à vous.

MARIE P.

Lui-même il acceptait si volontiers toutes les consolations ; il souriait à la moindre espérance !

Paris, mardi.

Très-cher, que de fois j'ai voulu aller vous voir, et que de fois j'ai maudit ce mal implacable qui me retient sur ma chaise longue ! C'est aujourd'hui encore ce joyeux mardi qui réunit autour de la table d'Horace ces bons et sympathiques convives, ces braves cœurs, ces dévoués, ces hôtes aimables à côté desquels je voudrais bien m'asseoir. Il faudra donc que je m'en aille sans avoir revu le petit jardin, sans savoir si les feuilles du saule pleureur se penchent déjà sur le bassin qui leur fournit leurs larmes, sans prendre la place qui m'est réservée à cette table hospitalière. *Durum!* NEC *levius fit patientia.* Ricord me renvoie vers le grand air et le soleil ; tous les remèdes ont été inefficaces, et je me sens plus malade que lorsque je suis venu. Je vais partir vendredi ou samedi ; le soleil de dimanche se lèvera pour moi sur le Rhône, et dimanche le bon vieil oncle embrassera sa nièce et l'ancien et le nouveau François.

Comme vous avez été bons pour nous! Quelle chaleur, quelle anxiété, quelle joie sincère et débordante chez vous, avant et après la représentation! que je vous embrasse tendrement, amis, vrais amis!

Le *Talisman* est un bijou. Nous l'avons lu et relu; nous l'avons savouré; nous en sommes pleins. Et quel orgueil pour moi, quelle gloire d'être inscrit en lettres d'or dans cette poétique dédicace! J'ai eu bien des douceurs; j'en ai eu au delà de ce que j'avais mérité; elles font bien largement compensation avec les souffrances physiques, et je serais ingrat de me plaindre. Aussi me plains-je moins du mal lui-même que des privations qu'il m'impose, et je l'accuse surtout de m'avoir enlevé mes mardis tant regrettés. Cette chaude et généreuse préface, où l'on sent tout ton cœur, cher J. J., cette préface, l'honneur de ma carrière littéraire, ce souffle ami que j'aspire à pleins poumons, ce flot d'affection qui coule abondamment d'une urne si finement ciselée, ce beau laurier, né dans ton jardin, détaché par tes mains envers moi prodigues, qui me rend heureux et rougissant, que je regarde avec fierté et que je n'ose me mettre sur la tête, voilà mon salaire, voilà ma joie, voilà mon émotion; oui, d'abord cette préface, et puis le rapport de M. de Sacy à l'Académie, et puis la coupe d'or que m'ont votée spontanément mes compatriotes, ouvriers et bourgeois, ce sont les trois choses qui me sont allées au cœur, que j'emporte comme un souvenir béni, et qui me rendront plus bleu le ciel de Sainte-Colombe et plus sonores les flots de ce *diantre* de Rhône.

Dans l'intervalle (il essayait de toutes choses), le malheureux s'était réfugié dans l'hospitalière maison de M. Charles Bapst, au Tréport. Dans ces lieux aimés de la belle saison, quand se tait l'Océan, quand du haut des falaises tombe un air tiède et des ruisseaux d'une eau limpide et douce; en ces moments de gaîté, la vie est charmante, et la douceur de vivre est complète. Oui, mais quand la bise et l'océan du mois de décembre emplissent de leurs terreurs le rivage attristé et désolé, quand il n'y a plus un enfant sur la plage, et que le pêcheur revient de très-loin sans avoir pris un poisson dans ces flots orageux, que la vie est amère et sombre! On n'entend pas venir une seule rumeur du Paris des fêtes et des poésies; désolation, abandon, misère! Eh bien, en ces instants funèbres, Ponsard a commencé cette œuvre éloquente : *le Lion amoureux*. En vain la mer gronde irritée, et son écume au loin re-

tombe avec mille fureurs, le poëte appartient à
sa tâche, et rien ne l'en détourne. Il n'entend ni
le bruit, ni le tumulte des éléments déchaînés : le
nuage et la nuit voudraient en vain distraire un
instant le poëte acharné à son œuvre, il ne voit
pas le nuage, il n'entend pas la tempête ! Et si
parfois il se sent découragé, le sourire de sa chère
femme et les murmures de son enfant le ramè-
nent à son travail. « Ah ! le brave garçon, écrivait Mme Ponsard, vous pouvez bien l'aimer,
allez ! et continuer à lui envoyer le plus souvent
possible de ces bonnes paroles dont vous seuls
avez le secret, car vos lettres ont fait et font
beaucoup. Il travaille absolument de toute son
âme et de toutes ses forces. Si j'ai fait ouvrir le
cahier, je voudrais quelquefois maintenant le
tenir fermé : nulle relâche. On ne se couche
guère, on ne dort plus ; lui qui aimait tant les
grandes courses à travers la campagne, avec son
fusil sur l'épaule et son chien au côté, ne voit
plus le ciel que de derrière ses vitres, — et puis
on est en perpétuelle ébullition. Vous connaissez
les angoisses de la création : on veut mourir cinq
fois le jour, on ne me lira jamais plus rien et l'on

S.

me poursuit pour que j'entende ; on me déteste et surtout on me r'aime ; enfin, on a les nerfs montés à l'extrême point de sensibilité ; mais comme on est la meilleure nature du monde, on ne rend pas encore sa femme trop malheureuse. Que je bavarde donc, chers amis, j'ai peine à vous quitter !... »

Nous, cependant, nous prêtions une oreille attentive à ces tristesses où se mêle encore une espérance. En ce moment, elle et lui, ils étaient seuls dans cette extrémité du monde, et non loin de cette vallée d'Arques où viendra mourir, plein de fêtes et plein de jours, ce vaillant homme, Alexandre Dumas, qui s'est éteint si doucement parmi les êtres de sa création.

X

Nous comprenions confusément, les uns et les autres, que le *Lion amoureux* était la planche de salut. « *Ou dessus, ou dessous!* » c'est le mot de la femme spartiate offrant un bouclier à son fils. Il y avait un point d'arrêt pour savoir si monsieur le juge était content! Ponsard travaillait assez vite, et, tant qu'il n'était pas au repos, c'était plaisir de le voir attaché à son œuvre. A peine il était refroidi qu'il eût volontiers déchiré ce cahier qui lui avait si peu coûté :

Ça va, ça va, disait-il, je travaille comme un enragé. Ma femme et sa mère (voilà mes seuls confidents) disent que ça les intéresse et qu'elles finiront par pleurer.

Écoute, J. J., s'il te vient quelques belles idées là-dessus, quelques soupçons vagues de belles scènes à faire, quelque invention de quelque nœud bien, bien intéressant, *il faut me les envoyer*. Je suis encore à temps de bourrer mon manuscrit de toutes les friandises que tu m'expédierais...

Ah! poëte, il y a de bien jolies choses dans les vers que tu m'envoies! Ceux-ci, par exemple :

> Mets du bois au foyer, voici blanchir nivôse.
> Prends garde, voyageur, aux fureurs de ventôse [1]

Ce retour des cloches, longtemps silencieuses, serait aussi d'un grand effet. Mais il te faudrait la messe, et je suis peu catholique et fort voltairien. Tu ne m'en voudras pas, je l'espère. Dis-moi, cependant, si ce deuxième acte chez Mme Tallien te choque ou te plaît.

Je pourrais, *à la rigueur*, le corriger et mettre la scène dès le deuxième acte chez la marquise. Mais quelle froideur, à ce qu'il me semble? On attend, on veut le salon de Mme Tallien. — Qu'en dis-tu?

Premier acte complétement fait.

Deuxième acte, barbouillé.

Troisième acte, ébauché, touché, retouché, en mal d'enfant.

Quatrième et cinquième actes à faire.
Voilà la situation.

Ces scènes de la révolution me trottaient par la tête et m'enflammaient le cerveau. J'avais imaginé quelque chose qui me paraissait grand et émouvant sur Mme Tallien, Tallien et la mort de Robespierre. C'est ce qui m'avait rendu infidèle au *Lion amoureux*. Mais la censure n'aurait pas permis la représentation de ce drame; et puis il y a plus d'intérêt, de coquetteries, de choses amusantes dans le sujet du *Lion amoureux*; je suis rentré en lui; je ne suis plus qu'à lui et ne connais plus que lui. Et ça va, et je crois que ça ira. Oui, ça ira, ça ira, ça ira, les mécontents à la lanterne; les mécontents on les pendra!

Et lorsqu'enfin fut terminé le cinquième acte, une main bienveillante écrivit au fronton de la maison du Tréport que le poëte avait habitée une inscription qui lui parut la plus plaisante du monde :

ICI PONSARD A FAIT, EN MOINS D'UN AN,
AVEC UN COMPLICE CHARMANT,
UNE BELLE ŒUVRE, UN BEL ENFANT!

Mais ces belles choses, sitôt qu'elles sont accomplies, le doute arrive et l'encouragement est à recommencer. Tout redevient sombre, et le poëte hésitant; à chaque pas il rencontre un obstacle : une décoration qui ne va pas, un accessoire négligé, tout est perdu! tout est perdu :

Lundi matin.

Figure-toi que j'ai demandé et redemandé dix jours de suite, jusqu'à la première représentation, des fleurs et des verdures pour la chambre d'Humbert, et quelque chose à casser. On n'a pu nous donner que deux vases de fleurs de cheminée d'auberge et un vase en carton. Le plâtre se cassait, et c'était un déchet. — Sauf cette petite lésinerie, que je n'ai pu vaincre, je n'ai qu'à me louer de l'administration.

F. PONSARD.

Le lendemain tout va mieux, tout va bien. La belle et bonne Mlle Ricquier a bien répété son rôle et Madeleine est charmante. Alors, voilà François Ier qui joue avec François II.

FRANÇOIS JUNIOR A SON AMI J. J.

Si vales, bene est; ego autem valeo.

Ne t'étonne pas, ami J. J., de m'entendre parler latin, quoique je n'aie que treize mois, je suis très-avancé pour mon âge. Je joue de la trompette, je fourre mes doigts dans mon nez, je ris quand on m'amuse, je pleure quand on m'ennuie, et je crie comme un beau diable quand on me lave la figure.

On m'a fait lire le feuilleton où tu parles de moi. Ça m'a bien flatté. C'est la première fois que je me vois imprimé. (Note du père : *Ah! malheureux! tâche que ce soit la dernière. Tête ta nourrice, ambitieux; garde tes pensées pour toi, si tu en as, et gare-toi de la publicité comme de la peste.*)

Donc, à l'heure qu'il est, vingt mille personnes au moins savent, grâce à toi, que j'existe. Ça me fait plaisir. Le papa aussi a été bien content, et la maman aussi. Ils disent que tu es adorable, et que madame Janin est divine, et qu'ils vous adorent. Le fait est que tu as été bien bon pour le vieux radoteur. Je trouve même que tu as été trop bon. Qu'est-ce que tu vois donc de gentil dans ce qu'il fait ? Il passe des heures à mettre deux lignes l'une au-dessous de l'autre; que dirais-tu de moi qui en fais dix sur le sable en une minute, avec mes dix doigts! et je n'en suis pas plus fier pour ça, et je ne crois pas avoir été grand, simple, touchant, profond, quand je n'ai été que plat, niais et banal; si le jardinier efface mes lignes avec son râteau, je ne me mets pas à crier, à m'arracher les cheveux, à maudire l'injustice des hommes et le mauvais goût du siècle. Non, je fais d'autres lignes sur un autre tas de sable. Je ne prétends pas pour elles à l'éternité. Je sais qu'elles ne dureront qu'un jour. Ce sera au moins autant que les œuvres de papa. Toi, ami J. J., tu vivras longtemps. Horace a été si content de se voir chez toi, gracieux, fin, enjoué, charmant comme il était chez lui, de retrouver enfin son habit élégant et léger au lieu du lourd et raide manteau dont les pédants l'avaient affublé, qu'il t'a inscrit sur le monument plus durable que l'airain, *ære perennius*. Vous me plaisez beaucoup, Horace et toi. Vous êtes vifs et gais ; vous avez l'expression pittoresque et vous savez bien votre langue. Aussi je babille avec tes *oiseaux bleus* et je prends des leçons d'équitation, *in arundine longa*, dans l'épître aux Pisons.

Mais la nounou m'appelle. Je retourne à mes tétons. Adieu, ami J. J. ; adieu, belle et bonne madame Janin. Merci de tout mon petit cœur, pour moi, et aussi pour les joies que vous donnez à papa ; car, tout en rabattant son orgueil et en le remettant à sa juste valeur, je ne laisse pas que d'avoir de l'affection pour le bonhomme.

FRANÇOIS PONSARD JUNIOR,
dit Bébé, dit Lili, dit Loulou.

C'est encore dans un de ces moments lumineux, où reparaissait la douce gaieté de sa belle âme de poëte, qu'il adressait à celui qui lui apporte ici le témoignage posthume de son inaltérable amitié ces vers charmants, — peut-être ses derniers, — écrits sur le premier feuillet d'un exemplaire de ses œuvres :

A JULES JANIN !

Voici toute la famille
Qui s'en va chez son parrain :
Lucrèce se fait gentille
Pour lui plaire, et, bonne fille,
Quitte son grand air romain.

— Te souviens-tu, lui dit-elle,
De Reynaud, l'ami fidèle ?
O triste et doux souvenir,
Plein de douleurs et de charmes
Je voudrais te réjouir,
Et je fais couler tes larmes.

Derrière elle sont les sœurs :
Agnès essaye un sourire ;
Pénélope apprend à dire
Toute sorte de douceurs.

Lucile a sa belle robe,
Et, comme un petit lutin,
Se montre, puis se dérobe,
Et saute par le jardin.

Charlotte même minaude
Et tend à son cher J. J.

Sa noble joue encor chaude
Du soufflet qui la rougit :

— Conte-nous, dit-elle, comme
Bignon-Danton effaré
Est dans la peau du bonhomme
Un jour carrément entré.

Lydie accourt et l'embrasse,
S'écriant : C'est lui ! c'est lui !
J'ai retrouvé mon Horace ;
Je reconnais à sa grâce
Le traître qui m'avait fui.

Le bon parrain s'accoutume
Complaisamment à leurs jeux ;
L'une en Romain le costume ;
Une autre lui prend sa plume ;
L'autre tire ses cheveux ;

Et tandis que, débonnaire,
Il rit ou gronde à demi,
Cette troupe téméraire
Répète : On peut tout lui faire ;
C'est notre plus vieil ami !

Mais quittons ces souvenirs intimes, où s'égare notre complaisante amitié, et revenons à l'œuvre, que nous avions quittée un instant pour le poëte.

La fable du *Lion amoureux* réunit toutes les grâces de la clarté la plus limpide. En ce moment, Thermidor a dissipé la dernière Terreur, l'espérance est rentrée en toutes les âmes. La chute de Robespierre, cette crise inespérée, a produit chez tous ces hommes anciens et modernes l'effet d'une grande victoire, l'avenir et le passé foulant le même sol et formulant les mêmes espoirs! A cette aimable et douce clarté fut écrit le premier acte du *Lion amoureux*. On y retrouve avec tant de bonheur une société qui recommence! En ce moment trop court où chacun se reprend à la douceur de vivre, la plainte a cessé, la consolation reparaît de toutes parts. Les vainqueurs sont restés doux dans leur victoire, et les vaincus sont restés fiers dans leur défaite. Le poëte, ami de toutes les libertés, parle avec respect des hommes de la Convention, avec bienveillance des royalistes qui reviennent de tous côtés. C'est ainsi que tout de suite il a conquis la sympathie et l'attention de l'auditoire.

Ah! le vrai, le grand succès que celui-là! Comme il nous a reposés de toutes les vilenies environnantes ! Comme il nous a fait oublier la pornographie en couplets, en danses, en chansons, ces choses immondes et sans nom, ces nudités sales, qui font que l'honnête homme, en passant, tourne la tête pour ne rien voir ! Mais aussi que ce fut là un beau moment dans la vie et dans le travail de M. Ponsard !

Il avait bien hésité et longtemps combattu dans la bataille obscure de son cerveau ; il avait douloureusement porté cette œuvre enfantée et, ce qui est pire, conçue dans la douleur. Que de fois il avait brisé le verre qui contenait l'amère liqueur ! Que de fois il avait rejeté la tâche commencée ! Un de ses amis, l'ami fidèle et constant de ses travaux et de ses jours, le voyant qui renonçait pour toujours à ce drame admirablement commencé : « Fi ! Monsieur, lui dit-il, vous êtes un lâche ! » Et le poëte, obéissant, reprit en sous-œuvre sa tragédie, exposée au sort de l'*Énéide* immortelle. Quand la bataille fut gagnée, le poëte était à bout de ses forces ; il serait mort sur la brèche... il fut sauvé par ce grand cri : Victoire ! Et la fièvre enfin le quitta.

C'est souvent une parole injuste, que nul

n'est prophète en son pays. Le retour du poëte dans sa cité natale eut cependant toutes les apparences du triomphe. Il fut reçu par tout un peuple. La ville entière applaudissait. Beaucoup de gens savaient par cœur des vers du *Lion amoureux;* déjà même une belle place était faite, en l'hôtel de ville où fut inscrit le nom de cet enfant du Rhône, au portrait du poëte. Enfin, pour le changer de récompenses, on lui offrit non pas une couronne, mais une coupe à l'antique, et pareille à celle que vidaient Helvidius et Traséas à l'anniversaire de Brutus et de Cassius. Son oncle maternel, qui avait tant pleuré au départ, s'en vint le premier au-devant de cet unique enfant de sa sœur bien-aimée : « Eh donc! te revoilà, mon pauvre enfant, ma gloire et ma consolation! Sois le bienvenu sous le toit de ton oncle! Il t'eût reçu avec les mêmes transports si tu lui étais revenu battu par l'orage... O retour glorieux, bonheur complet, je te retrouve heureux ce matin, et, dans huit jours, bien portant! »

C'est très-vrai! La gloire accomplit des miracles : le poëte va mieux; il est tout content d'avoir obtenu ses cent représentations, dignes avant-courrières d'une reprise aux jours du prochain hiver. Libre enfin des empressements qui l'entouraient, il est remonté sur sa montagne ; il est rentré dans la maison paternelle ; il se repose, il rêve, il contemple, il voit à ses pieds l'étoile et le nuage :

Sub pedibusque videt nubes et sidera Daphnis.

M. Claye, un des grands imprimeurs de Paris, témoin attristé de ces fêtes funèbres, a raconté toutes les émotions de la ville de Vienne dans un beau volume in-8 : *Inauguration de la statue en l'honneur de Ponsard.*

XI

LE dernier travail de François Ponsard, *Galilée*, allait enfin mettre un terme aux angoisses de ce malheureux. Comment il a fait pour mettre la dernière main à ce poëme terrible, cette dernière main indispensable au poëte, à l'écrivain, à l'artiste?

Ah! vraiment, c'est inexplicable. Hélas! chaque idée a coûté des larmes de sang, chaque vers était un effort mortel; nous entendions pour ainsi dire en chaque plainte du malheureux Galilée un gémissement du malheureux Ponsard.

Avec quelle angoisse et quelle épouvante nous touchions ces mains pleines de fièvre ; nous écoutions ces souffrances si terribles qu'on les entend de loin même quand elles se taisent, et que l'on pleure encore dans les instants trop rares où la douleur semble épuisée ! Il était superbe et charmant ce drame austère. Il tenait la ville attentive. On savait de toutes parts que *Galilée* était le dernier enfant du père éloquent de *Lucrèce*. Et déjà les plus savants maîtres récitaient dans leurs écoles cette admirable description du système de Galilée. Il n'est pas un seul drame de Ponsard où l'on ne rencontre, au plus bel endroit, quelqu'une de ces explications savantes que les écoles retiennent par cœur. Rappelez-vous, dans la *Lucrèce*, la définition de la double autorité qui gouvernait la Ville éternelle.

Non, non, ce nous serait une autre servitude !
Le peuple turbulent qui suit sa passion
Est une proie acquise à chaque faction.

Rappelez-vous avec quelle verve hardie, et digne de Montesquieu lui-même, il a défini ce grand art de la politique, appelé par Cicéron *le plus magnifique emploi de la sagesse, la plus grande marque de la vertu, et le premier devoir de la vie.* On se rappellera jusqu'à la fin de cette juste renommée la définition du pouvoir pontifical dans *Agnès de Méranie*. A toute chose il laissait sa trace et sa marque. Ainsi, dans *Galilée*, il expliquait le nouveau système du monde.

>Soleil, globe de feu, gigantesque fournaise,
>Chaos incandescent où bout une genèse,
>Océan furieux où flottent éperdus
>Les liquides granits et les métaux fondus,
>Heurtant, brisant, mêlant leurs vagues enflammées
>Sous de noirs ouragans tout chargés de fumées,
>Houle ardente où parfois nage un îlot vermeil,
>Tache aujourd'hui, demain écorce du soleil ;
>Autour de toi se meut, ô fécond incendie,
>La terre, notre mère, à peine refroidie,
>Et, refroidis comme elle et comme elle habités,
>Mars sanglant, et Vénus, l'astre aux blanches clartés,
>Dans tes proches splendeurs Mercure qui se baigne,
>Et Saturne en exil aux confins de ton règne,
>Et par Dieu, puis par moi, couronné dans l'éther
>D'un quadruple bandeau de lunes, Jupiter...

C'est par cette science infinie et ce grand soin du détail, que se sauva l'œuvre entière de François Ponsard. L'envie elle-même ne saurait nier cette force irrésistible, et quand, au premier jour de sa gloire, on l'appelait avec une certaine ironie un poëte de l'école du bon sens, les beaux esprits moqueurs ne savaient pas si bien dire. Il avait le bon sens d'abord, mais aussi l'imagination, la grâce et le naturel. Le souffle était là ; dans un prologue qu'il avait confié à Mlle Fix (un fantôme aujourd'hui), il y avait un vers qui finissait ainsi : *Gardez tous votre foi!* Il pouvait parler ainsi sans rougir.

Cependant il se mourait. Il était absent de *Galilée*, et malade à tel point ce jour-là qu'il n'eut pas la force d'ouvrir un seul des trois billets qui lui annonçaient à chaque acte un applaudissement grandissant toujours. Tant la maladie est impitoyable! Elle vous presse, elle vous déchire ; elle étend, elle retire, elle tourne, elle disloque, elle brise, elle anéantit tantôt cette partie du corps, tantôt l'autre moitié ; ou bien la main de l'anéantissement pèse implacable et tremblante sur ce malheureux qui demande en vain grâce et pitié ! Si vous saviez comme il était doux et tendre avec la mort, comme il la suppliait de le faire un peu moins souffrir, *un tout petit peu moins !* Par pitié pour sa jeune et tremblante épouse, il se cachait dans une ombre austère ; il ne voulait pas laisser à sa chère femme, à son jeune enfant, le douloureux souvenir de ce triste visage en proie à ces douleurs qui ne cessaient ni la nuit ni le jour. C'était la mort la plus lente et sous toutes ses formes. Les plus habiles praticiens ne pouvaient que pleurer, se voyant impuissants à lui donner une heure de répit. Tant que durait le jour il se taisait, pour ne pas troubler la solitude. On l'entendait gémir à minuit. Tout tremblait, tout faisait silence, et le petit jardin n'a retrouvé ses bruissements infinis que lorsque l'infortuné eut rendu le dernier soupir.

Il avait près de lui, qui ne l'ont pas quitté un seul instant, lui prodiguant toutes les tendresses, sa jeune femme et sa belle-mère éperdues. Elles ne pouvaient pas croire encore à cette perte irréparable. Au chevet de ce martyr, les amis de sa jeunesse et les amis de son âge mûr prêtaient une oreille épouvantée à ce cri suprême. Il était mort depuis vingt-quatre heures, il souffrait encore ! Ce fut pour tout le monde une allégeance.

On entendait tout au loin ce cri funèbre : « Ah! que je souffre! Ah! mon Dieu, disait-il, encore une nuit à subir! »

Tout priait, tout pleurait dans cette immense lamentation. — A cinq heures du matin, par un clair soleil, le jeune *famulus* de la maison, François Salembier, recevait dans ses bras le poëte inanimé, et le déposait avec un pieux respect dans le fauteuil même où Béranger avait rendu son âme au *Dieu des bonnes gens*, entouré de ses deux amis qu'il appelait ses enfants, M. Mignet et M. Thiers.

Ponsard était né à Vienne en 1814. Il mourut à Passy dans les premiers jours du printemps, le 7 juillet 1867.

XII

FRANÇOIS PONSARD est mort la quatrième année de son mariage ; il a souffert pendant trois années. Ses amis les plus tendres se réjouissent de sa mort.

Le deuil de ce convoi superbe était conduit par un chambellan ; le premier cordon du char funèbre était tenu par M. Villemain, semblable à ces vieillards dont Virgile a parlé :

Les enfants au bûcher sous les yeux de leurs pères !

L'imposante réunion des plus grands noms de

la poésie et de la littérature contemporaine donnait à cette marche un aspect triomphant. C'était une véritable oraison funèbre qui marchait à la suite du poëte et qui l'accompagna jusqu'au moment où il fut conduit sur la route qui mène à Vienne en Dauphiné. Il était venu par ce même chemin, plein d'espérance et de génie... il s'en retournait dans ce glorieux cercueil. Trois amis l'accompagnaient : son digne beau-frère, ingénieur des mines, M. Dormoy, signalé par de belles actions; M. Michel Lévy, son libraire et son vrai guide en toutes les choses qui regardaient cette humble fortune; et le jeune Moreau-Chaslon, qui ne l'a pas quitté un seul instant dans ses rudes épreuves. Soyez béni, jeune ami des poëtes, pour cette illustre action. Jamais vous ne serez trop loué !

Et lorsqu'au bout de ce lent voyage, à travers de si beaux pays dont le charme leur était voilé, ils arrivèrent au bout du pénible viatique, ils rencontrèrent toute une ville émue qui venait au-devant du mort couché là. Sitôt qu'elle eut appris la fatale nouvelle, la ville en deuil s'était préparée à recevoir cet illustre compatriote dont elle avait eu le premier sourire. Hélas! que de regrets, quelle pitié sincère, et quelle profonde admiration! Un poëte viennois, M. Jacques Guillemot, dans une élégie intitulée : *Le Cycle viennois*, a célébré ce beau paysage où Ponsard, enfant et jeune homme, aimait tant à promener ses rêveries :

> Vallons délicieux, frais bosquets, doux ombrages,
> O terre qui souris à des cieux sans orages,
> Qui peindra tes beautés, qui dira tes splendeurs ?

Amis, parlons avec respect de la ville natale. C'est dans le pays natal qu'il faut revenir, si l'on veut retrouver l'hospitalité bienveillante. Enfant, le jeune François s'arrêtait à chaque maison, où toutes les mains lui étaient tendues. A sa moindre parole, à son sourire, on se disait : « Qu'il a d'esprit et qu'il est charmant! » A peine au collége, on se partageait toutes ses couronnes, les mères de famille contentes de rapporter à leur maison ces glorieux débris à leurs fils paresseux. Chacun, dans cette aimable ville, savait par cœur les premiers vers du jeune Ponsard. *Lucrèce* éclata dans la cité dauphinoise, comme on dit que certains arbustes *passent fleur*, tout d'un coup. Un éloquent, M. Émile Chasles, improvisait à la même heure une leçon en l'honneur de François Ponsard. La province entière était accourue à cette fête funèbre. Ils accouraient de toutes parts. Il en venait des montagnes et des plaines, il en venait des coteaux de Lyon, de Mâcon, de Condrieu, de Chavanay et de Pélussin, de Macla, d'Ambérieu, de Frangy, de la Lutinière, de la Voulte et du Cornillon ; de Saint-Pierre-de-Bœufs, de Malleval et de la Côte Saint-André, le pays de Berlioz ; même affluence et plus alerte autour de la statue inaugurée au bruit des musiques et des fanfares. La fanfare viennoise allant et venant ; et sur le socle de la statue était écrit : *A François Ponsard, ses compatriotes, ses amis !*

Ce fut une fête illustre ; on ne songea pas à critiquer la statue.

Enfin, de leur poëte et compatriote ces gens de Vienne sont fiers à ce point que celui-là serait un malappris qui voudrait déranger quelque chose à leur admiration. Tous les invités étaient présents : les prosateurs, les poëtes, les journalistes nos confrères, sérieux et de bonne humeur; notez ces deux points-ci. A la fenêtre de l'hôtel de ville, une jeune femme dans tout l'éclat de la jeunesse et de la beauté, fière et bienveillante, attentive et charmée, attirait tous les regards, tous les respects. *Bénissez-la, c'est elle!* Elle-même! Elle a sauvé le poëte entouré d'embûches; elle a vaillamment adopté sa misère et sa gloire. Elle a relevé son courage abattu. Elle a rendu l'espérance à ce cœur malade; on lui doit ce bel enfant qui, Dieu soit loué! va prolonger ce nom célèbre. Ah! chère et vaillante Mme Ponsard, garde-malade, habile à garder la plus douloureuse agonie, on vous aime, on vous honore; et quiconque vous a vue, en ces moments suprêmes, est devenu soudain votre ami, votre compagnon, votre garde du corps. O puissance infinie et mystérieuse de l'épouse! O secret divin de la femme légitime! O force et consolation que la Providence accorde à ses élus! Tous les yeux, tournés vers cette épouse victorieuse, honorée entre toutes, étaient pleins de larmes, de reconnaissance et de respect.

Dans ce même sentiment de la faveur publique on a vu soudain apparaître en grand deuil un vrai poëte, un des meilleurs et plus fidèles amis de François Ponsard, M. Émile Augier. Superbe et la tête haute sous le deuil qui le couvre et dont il ne veut pas se consoler, le deuil de la plus tendre et de la meilleure des mères, il a récité de sa voix sonore et de toutes parts entendue une élégie en très-beaux vers.... Nous voudrions la citer tout entière; hélas! l'espace et le temps nous manquent.

Arrêtons-nous cependant sur ce beau passage où, parlant de Charles Reynaud, le jeune homme enlevé par la mort dont nous avons ramené le cercueil par une nuit rayonnante d'étoiles, M. Émile Augier a récité ces vers charmants :

Ah ! que n'a-t-il vécu jusqu'à l'heure bénie
Où l'ange du foyer, entrant dans ta maison,
Te rendait le bonheur, le travail, le génie,
Et fécondait en toi la nouvelle moisson !

Qu'il eût remercié du meilleur de son âme
Celle qui, relevant ton antique vertu,
Fut ta dernière joie et ta dernière flamme,
L'Antigone au cœur fort de ce cœur abattu.

Elle ! c'est elle à qui nous devons *Galilée*
Et les rugissements du *Lion* en courroux ;
Plus encor ! nous devons à sa beauté voilée
Cet enfant, ta vivante image parmi nous.

Son premier bégaîment charma ta dernière heure ..
Mais, orphelin parmi les orphelins heureux
Il aura pour connaître un jour celui qu'il pleure,
Ton œuvre et ta statue, en bronze toutes deux.

Sa mère et tes amis lui conteront le reste,
Ta ferme loyauté, la grâce de ton cœur,
Ta faiblesse — souvent mais à toi seul funeste —
Ta naïveté fine et son charme vainqueur.

C'est ainsi que parle un ami de l'aurore au couchant. Voilà comment justice est faite. A ces nobles paroles, la conscience publique a répondu. L'assemblée était frémissante au discours de ce généreux camarade, et les initiés se rappelaient dans les couloirs du Théâtre-Français ce cri généreux de l'auteur de *la Contagion* au moment où la foule applaudissait à l'indignation du jeune Humbert : « Malheureux Ponsard ! s'écriait Émile Augier, il n'est pas là pour assister au plus beau moment de sa gloire ! » Hélas ! il était couché sur son lit de mort.

On a très-bien écouté, après la cantate de

M. Siméon Gouet, mise en musique par M Édouard Girard, le discours de M. Ducuing, au nom de la Société des gens de lettres. M. Ducuing est un homme honoré à bon droit par sa dignité personnelle et sa naïve admiration pour toutes les choses sincères et bien pensées. Il a dignement parlé surtout de l'auteur de *Charlotte Corday*, laissant dans l'ombre, et pourquoi ? *Horace et Lydie*, un sourire de Mlle Rachel.

Une ode à Ponsard, où se fait remarquer une véritable inspiration, nous a ramenés à M. Jacques Guillemot, l'auteur du *Cycle viennois*. Bientôt M. l'administrateur du Théâtre-Français, Édouard Thierry, très-habile écrivain, très-bon juge et d'une urbanité parfaite, a fait un discours dont voici l'exorde à la louange de la cité viennoise. Hélas ! il faut se hâter ; nous ne dirons jamais tous les épisodes de ce drame en plein air :

C'est bien ici, dans cette ville pleine de souvenirs, au pied de ces collines que l'Italie des Césars avait choisies pour y étager ses riants jardins d'été, près de ce fleuve où se mirent toujours les ombrages des grands parcs, et qui court impatient de Lyon, la cité romaine, à Marseille, la colonie grecque ; c'est bien ci que l'on comprend les origines du génie de Ponsard, l'ensemble de son œuvre et de sa vie. C'est ici qu'il a dû naître. C'est ici qu'a dû se former ce jeune et sérieux esprit, pénétré de toutes les influences du sol et des traditions lointaines ; c'est d'ici qu'a dû partir avec son premier poëme dramatique ce Romain du dix-neuvième siècle, commençant ainsi que l'ancienne Rome à la dernière page de l'histoire des Tarquins, à l'honneur racheté de Lucrèce, à la première heure de la liberté.

Son émotion toujours croissante empêchait l'aimable orateur de continuer son discours, c'est grand dommage ; il racontait en termes excellents la vie entière de Ponsard... Citons encore ce beau passage où M. Thierry explique, à la façon des grands critiques, la *Charlotte Corday* que Mlle Agar (une Viennoise) représentait le même soir, au milieu des applaudissements frénétiques :

L'Élysée des anciens confinait à leurs enfers : la *Charlotte Corday* de Ponsard est comme un Élysée de la Révolution. Ils y revivent, ces morts frappés tous avant le temps, mais calmes, pacifiés, entourés d'un rayonnement qui suit leurs ombres. Ils revivent, et le poëte passe au milieu d'eux en les admirant. Ils ont tant de côtés qui répondent aux délicatesses de son esprit. Ceux-ci sont Girondins, épicuriens gracieux qui avaient rêvé la République comme une aristocratie des intelligences et qui causent de la nouvelle Athènes dans le salon de Mme Roland, ainsi que les Grecs du temps de Périclès dans le boudoir d'Aspasie. Cette jeune fille est une petite-nièce de Corneille. Elle lit Jean-Jacques Rousseau, seule, devant la moisson que quitte le faucheur, devant le soleil adouci qui se couche. Et quand elle apparaît à Barbaroux pour lui indiquer son chemin, parlant comme lui la douce langue de Théocrite ou d'André Chénier, l'entretien qu'ils échangent dans la campagne silencieuse est une églogue antique.

La foule, émue et charmée, a tout applaudi, paroles et musique. Elle s'est rendue ensuite à l'Hôtel de ville, où le portrait de Ponsard et le buste excellent que M. Adam Salomon achève en ce moment pour le musée de Versailles ont été l'objet d'une ovation méritée. Et puis l'heure est venue enfin où le banquet hospitalier a réuni toutes ces renommées. Cette fois, la gaîté, le bon mot, le repos d'une si grande fête ont remplacé les paroles solennelles ; et certes celui-là ferait une page éclatante qui réunirait tous les toasts inspirés par ce bonheur d'être ensemble et par ce vin glorieux de la Côte-Rôtie, une des gloires de la contrée. On a surtout remarqué et très-applaudi le jeune Moreau-Chaslon, animé de toutes les belles passions de la jeunesse, et racontant ce père adoptif qu'il s'était choisi pour l'entourer des soins les plus tendres. L'instant d'après, M. Tony Révillon, l'un des nôtres, très-versé dans toutes les choses de l'art dramatique, esprit bienveillant et très-piquant lorsqu'il est nécessaire, a fort bien raconté les combats de son ami Ponsard. Dans sa parole émue, on retrouvait le frémissement de toutes ces grandes batailles. Je voudrais citer, mais je n'ose, un toast glorieux de M. Dormoy, le digne frère de Mme Ponsard. Eh bien ! vous étiez là aussi, vous, notre ami de tous les temps, Édouard Fournier, qui avez donné au feuilleton de *la Patrie* une si grande autorité, vous étiez là pour parler des absents et pour dire aux convives : « Amis, n'oublions pas les infortunés que la fièvre a retenus dans leur logis. » Enfin, nous l'avons déjà dit, tout s'est dignement terminé par la représentation d'*Horace et Lydie,* et par cette admirable *Charlotte Corday,* quand Mlle Agar s'écrie, à la façon des plus grandes tragédiennes :

> Celui qui n'a pas su haïr la servitude,
> Celui-là ne peut pas t'aimer, — ô solitude !

Enfin, pas un des hôtes de la ville n'a repris le chemin de sa maison sans avoir présenté ses respects à Mme Ponsard, à M. Bruant, le doux vieillard qui vit naître et mourir ce glorieux misérable ; un adieu à la cité, au vieux Rhône, *à ce diantre de Rhône*, disait Mme de Sévigné ; un sourire à l'enfant tout frisé, tout joyeux, doucement endormi sur les genoux de sa mère au moment suprême où son père est acclamé !

FIN.

www.ingramcontent.com/pod-product-compliance
Lightning Source LLC
Chambersburg PA
CBHW060150100426
42744CB00007B/971